中国旅游蓝皮书系列

中国康养旅游发展报告

（2023）

主　编　邹统钎

副主编　王　欣　侯满平　张健康

中国旅游出版社

编写组成员（按姓名音序排列）

陈姝敏　董昭胜　董宗健　杜海玲　付　娆
甘　悦　耿建忠　郭丽鹃　侯满平　胡晓聪
胡晓荣　黄　宁　焦　静　雷应朝　李贝贝
李　兵　刘邦凡　刘江伟　卢荣友　明庆忠
潘　玮　庞跃霞　彭伟兰　孙雪航　孙　一
王　敏　汪曦之　王　欣　王雪波　王一丁
魏　荣　徐　峰　许美静　姚明红　杨德钦
杨　林　易志斌　张　蕾　张文娟　张跃西
周金芳　周艳丽　朱晋宏　邹统钎

目　录

地方发展报告篇

总报告篇

中国康养旅游发展现状与趋势

耿建忠　王　欣 [①]

党的十八大以来，以习近平同志为核心的党中央把维护人民健康摆在更加突出的位置，召开全国卫生与健康大会，确立新时代卫生与健康工作方针，印发《"健康中国 2030"规划纲要》，发出建设健康中国的号召。国家层面连续出台《关于释放旅游消费潜力推动旅游业高质量发展的若干措施》（国办发〔2023〕36 号）等系列政策文件，为康养旅游发展提供了良好的政策环境。从宏观背景来看，我国居民正在进入避暑避霾避寒、养生养心养老的大众旅游时代，人们愈加追求健康和精神享受。在老龄化、国民对健康关注以及消费升级等因素的共同作用下，康养旅游作为新兴旅游业态，成为当前政府关心、社会关注和行业发展的热点领域。康养旅游作为"健康＋旅游"的综合体，连接两大消费市场，赋予旅游活动以新的功能，满足人们深层次消费需求。尤其是新冠疫情的突发，对世界经济产生了巨大的冲击，进一步激发了人们自身的风险防范意识和健康保障需求，康养产业发展得到进一步重视。从发展情况来看，康养旅游经历了 20 多年的发展历程，各地政府进行积极探索，形成了形式多样的康养旅游产品和发展模式；同时，康养旅游在行业标准建设、品牌塑造与宣传、配套体系建设等方面还有上升空间。从发展趋势来看，康养旅游作为旅游行业发展的"蓝海"，具有旺盛的生命力。

---

① 耿建忠，农业农村部对外经济合作中心信息服务处处长，研究方向为城乡规划、农业经济与地理信息科学；王欣，博士，北京第二外国语学院旅游科学学院教授，中国文化和旅游产业研究院副院长，研究方向为文化旅游和旅游目的地管理。

一、康养旅游的概念和范畴

国外从"康"和"养"两个角度对"康养"进行理解。"康"旅游对应医疗旅游（Medical Tourism，Health Tourism，Surgical Tourism），"养"旅游对应养生旅游（Wellness Tourism）。根据美国疾病控制与预防中心（Centers for Disease Control and Prevention，CDC）界定，医疗旅游通常用来表示以接受医疗服务为目的的国际旅行，人们选择这种方式的原因主要包括：降低成本、受朋友或家人推荐、将医疗过程和旅游体验相结合，以及寻求在常住地无法获得的医疗服务。美国人主要的医疗旅游目的地包括阿根廷、巴西、加拿大、哥伦比亚、哥斯达黎加、古巴、多米尼克、厄瓜多尔、德国、印度、马来西亚、墨西哥、尼加拉瓜、秘鲁、新加坡和泰国[1]。从类型来看，CDC将医疗旅游分为医美旅游和非医美旅游（癌症治疗、牙科护理、生育治疗等）。

非政府组织全球健康研究所（Global Wellness Institute，GWI）认为，养生旅游主要是通过旅游获得或增强个体健康的行为。与医疗旅游相比而言，养生旅游则是基于健康的、更为主动的目的。在日本，个人护理/美容在健康支出中所占的份额比大多数国家大得多；对于中国、印度、印度尼西亚、俄罗斯和土耳其而言，其传统/补充医学占主导地位；德国是健康旅游、水疗和温泉/矿泉占主导地位；撒哈拉以南非洲是公共卫生和预防支出占主导地位。

医疗旅游与养生旅游的对比如表1所示。

表1　医疗旅游与养生旅游对比

医疗旅游（Medical Tourism）	养生旅游（Wellness Tourism）
通过旅行获得治疗，进行疾病诊断、轻症治疗	通过旅行，管理或改善健康状况
主要动机是降低医疗成本、获得更高的医疗品质和更好的治疗条件，以及寻求在本地无法获得相应的医疗条件	主要动机是健康生活、疾病预防、压力舒缓、不良生活习惯改善或相关体验

医疗旅游（Medical Tourism）	养生旅游（Wellness Tourism）
被动地应对疾病、必要的治疗、手术，或医疗观察	主动、自愿、无创以及自然环境下的非医疗活动

资料来源：全球健康研究所，全球康养旅游经济研究报告，2018年11月。

　　根据《国家康养旅游示范基地标准》（LB/T 051-2016），康养旅游被定义为：通过养颜健体、营养膳食、修身养性、关爱环境等各种手段，使人在身体、心智和精神上都能达到自然和谐的优良状态的各种旅游活动的总和。康养旅游核心区是指由一个或者几个特色明显、有一定规模和体量的康养旅游实体组成的区域；康养旅游依托区是指康养旅游核心区所在的具有国家行政建制中心县或城市建成区。康养旅游依托区应具有旅游功能要素和主要吸引物，它是实现健康、养生、旅游等产业融合的实验区域，也是核心区发展的基础设施和管理服务的支撑区域。从产业链来看，康养旅游体系包括上游（康养旅游景区设计与开发、中医药等健康产品生产、特色文化挖掘、度假区或园区等硬件配套）、中游（康养旅游项目运营，包括康养小镇等）、下游（对应目标群体，重点包括老年群体、亚健康群体、妇女儿童群体等）三个环节。

二、中国康养旅游的发展历程与相关政策

　　从国家健康领域的政策来看，从"八五"时期的"为人民健康服务"到"十一五"时期"高度关注人民健康"，再到"十三五""十四五"时期"将人民健康放在优先发展的战略位置"，国家越来越重视人民健康。

　　我国养生旅游最早于2000年初在海南三亚兴起，"十二五"和"十三五"时期开始快速发展。

　　2013年，国务院印发的《关于促进健康服务业发展的若干意见》（国发

〔2013〕40 号）明确提出，发展健康文化和旅游。支持健康知识传播机构发展，培育健康文化产业。鼓励有条件的地区面向国际国内市场，整合当地优势医疗资源、中医药等特色养生保健资源、绿色生态旅游资源，发展养生、体育和医疗健康旅游[2]。

2014 年，国务院印发的《关于促进旅游业改革发展的若干意见》（国发〔2014〕31 号）明确提出，积极发展休闲度假旅游。推进整形整容、内外科等优势医疗资源面向国内外提供医疗旅游服务。发挥中医药优势，形成一批中医药健康旅游服务产品。规范服务流程和服务标准，发展特色医疗、疗养康复、美容保健等医疗旅游。此外，还明确提出大力发展老年旅游。结合养老服务业、健康服务业发展，积极开发多层次、多样化的老年人休闲养生度假产品[3]。

2016 年 1 月，国家旅游局（现更名为文化和旅游部）发布《国家康养旅游示范基地》这一行业标准，明确了"康养旅游"的概念。另外，还明确了康养旅游的必备条件：（1）康养旅游示范基地应包括康养旅游核心区和康养旅游依托区两个区域。康养基地应有明确的行政边界，授予对象为县级行政区域或城市建成区。（2）康养旅游核心区和康养旅游依托区之间应有较强的功能联系，核心区具备独特的康养旅游资源优势，而依托区能为核心区提供产业联动平台，并在公共休闲、信息咨询、旅游安全、休闲教育等公共服务体系上给予有力保障。（3）康养旅游核心区或其主要实体应具备国家级及以上荣誉。

2016 年 10 月，中共中央、国务院印发了《"健康中国 2030"规划纲要》（以下简称《纲要》）。《纲要》明确提出，积极促进健康与养老、旅游、互联网、健身休闲、食品融合，催生健康新产业、新业态、新模式。发展基于互联网的健康服务，鼓励发展健康体检、咨询等健康服务，促进个性化健康管理服务发展，培育一批具有特色的健康管理服务产业，探索推进可穿戴设备、智能健康电子产品和健康医疗移动应用服务等发展。规范发展母婴照料服务。

培育健康文化产业和体育医疗康复产业。制定健康医疗旅游行业标准、规范，打造具有国际竞争力的健康医疗旅游目的地。大力发展中医药健康旅游。打造一批知名品牌和良性循环的健康服务产业集群，扶持一大批中小微企业配套发展。到 2030 年，我国健康产业规模将显著扩大，健康服务业总规模将达 16 万亿元[4]。

2016 年 12 月，国务院印发的《"十三五"旅游业发展规划》（国发〔2016〕70 号）明确提出，促进旅游与健康医疗融合发展。鼓励各地利用优势医疗资源和特色资源，建设一批健康医疗旅游示范基地。发展中医药健康旅游，启动中医药健康旅游示范区、示范基地和示范项目建设。发展温泉旅游，建设综合性康养旅游基地。制定老年旅游专项规划和服务标准，开发多样化老年旅游产品。引导社会资本发展非营利性乡村养老机构，完善景区无障碍旅游设施，完善老年旅游保险产品[5]。

2017 年 9 月 13 日，推进健康旅游示范基地建设工作座谈会在北京召开，国家卫生和计育生育委员会公布了首批健康旅游示范基地名单，分别是天津健康产业园、河北秦皇岛市北戴河区、上海新虹桥国际医学中心、江苏泰州市姜堰区、浙江舟山群岛新区、安徽池州市九华山风景区、福建平潭综合实验区、山东青岛市崂山湾国际生态健康城、中国（广东）自由贸易试验区广州南沙新区、广西桂林市、海南三亚市、海南博鳌乐城国际医疗旅游先行区、贵州遵义市桃花江。

森林康养实现较快发展。2016 年 1 月，国家林业局（现已更名为国家林业和草原局）印发的《关于大力推进森林体验和森林养生发展的通知》（林场发〔2016〕3 号）对森林养生发展明确了方向，提出了具体要求。2016 年 5 月，国家林业局出台了《林业发展"十三五"规划》，将森林康养确定为"林业产业建设工程"的重点内容。2017 年 5 月，国家林业局出台的《林业产业发展"十三五"规划》中，提出了"十三五"时期森林养生发展的目标和主要任务。国家林业局积极推动将森林养生发展纳入了 2016 年 12 月，国务院印发的《"十三五"旅游业发展规划》，明确提出要"推出一批具备森林游憩、疗养、教育等功能的森林体验基地和森林养生基地"。各地林业主管部门将森林养生纳入重要工作内容，多个省份出台了关于大力推动森林康养发展的意见。

2021年6月，文化和旅游部印发的《"十四五"文化和旅游发展规划》进一步明确提出，发展康养旅游，推动国家康养旅游示范基地建设。发展冰雪、避暑、避寒等气候旅游产品。认定一批国家级滑雪旅游度假地。发展老年旅游，提升老年旅游产品和服务。

2023年9月，国务院办公厅印发《关于释放旅游消费潜力推动旅游业高质量发展的若干措施》（国办发〔2023〕36号），明确提出，在严格保护的基础上，依法依规合理利用国家公园、自然保护区、风景名胜区、森林公园、湿地公园、沙漠公园、地质公园等自然生态资源，积极开发森林康养、生态观光、自然教育等生态旅游产品。推出一批特色生态旅游线路。推进森林步道、休闲健康步道建设。

近年来，国家出台的关于康养旅游发展的相关政策如表2所示。

表2　近年来国家康养旅游相关政策

发布时间	发布单位	政策名称	相关内容
2023年9月	国务院办公厅	《关于释放旅游消费潜力推动旅游业高质量发展的若干措施》	在严格保护的基础上，依法依规合理利用国家公园、自然保护区、风景名胜区、森林公园、湿地公园、沙漠公园、地质公园等自然生态资源，积极开发森林康养、生态观光、自然教育等生态旅游产品。推出一批特色生态旅游线路。推进森林步道、休闲健康步道建设
2023年2月	文化和旅游部	《关于推动非物质文化遗产与旅游深度融合发展的通知》	依托传统医药类非物质文化遗产发展康养旅游。支持将非物质文化遗产与乡村旅游、红色旅游、冰雪旅游、康养旅游、体育旅游等结合

续表

发布时间	发布单位	政策名称	相关内容
2023 年 2 月	中共中央、国务院	《质量强国建设纲要》	提升旅游管理和服务水平，规范旅游市场秩序，改善旅游消费体验，打造乡村旅游、康养旅游、红色旅游等精品项目。
2022 年 11 月	国家体育总局等国务院八部门	《户外运动产业发展规划（2022-2025 年）》	鼓励市场主体
2022 年 8 月	中共中央办公厅、国务院办公厅	《"十四五"文化发展规划》	推动旅游与现代生产生活有机结合，加快发展休闲旅游、康养旅游、研学实践活动等，打造一批国家全域旅游示范区、A 级旅游景区、国家级旅游度假区、国家精品旅游带、国家旅游风景道、特色旅游目的地、特色旅游功能区、城市绿道、骑行公园和慢行系统
2022 年 5 月	文化和旅游部等	《巴蜀文化旅游走廊建设规划》	重点发展人文旅游、研学旅游、生态旅游、康养旅游等，打造主题研学、禅茶康养、高山户外等特色产品，大力推动休闲度假旅游业态升级、建设国内研学旅游发展样板地
2021 年 12 月	国务院	《"十四五"国家老龄事业发展和养老服务体系规划》	明确提出要促进养老和旅游融合发展。引导各类旅游景区、度假区加强适老化建设和改造，建设康养旅游基地
2021 年 11 月	中共中央、国务院	《关于加强新时代老龄工作的意见》	构建居家社区机构相协调、医养康养相结合的养老服务体系和健康支撑体系，大力发展普惠型养老服务，促进资源均衡配置。推动老龄事业与产业、基本公共服务与多样化服务协调发展，统筹好老年人经济保障、服务保障、精神关爱、作用发挥等制度安排
2021 年 6 月	文化和旅游部	《"十四五"文化和旅游发展规划》	发展康养旅游，推动国家康养旅游示范基地建设
2019 年 8 月	国务院	《关于进一步激发文化和旅游消费潜力的意见》	推进国家全域旅游示范区建设，着力开发商务会展旅游、海洋海岛旅游、自驾车旅居车旅游、体育旅游、康养旅游等产品

发布时间	发布单位	政策名称	相关内容
2019 年 7 月	国家林业和草原局等	《关于促进森林康养产业发展的意见》	到 2022 年，建设国家森林康养基地 300 处。到 2035 年，建设国家森林康养基地 1200 处。向社会提供多层次、多种类、高质量的森林康养服务，满足人民群众日益增长的美好生活需要
2018 年 11 月	文化和旅游部等	《关于促进乡村旅游可持续发展的指导意见》	打造"三区三州"深度贫困地区旅游大环线，培育一批乡村旅游精品线路。鼓励东北地区依托农业、林业、避暑、冰雪等优势，重点推进避暑旅游、冰雪旅游、森林旅游、康养旅游、民俗旅游等，探索开展乡村旅游边境跨境交流，打造乡村旅游新高地
2018 年 10 月	文化和旅游部办公厅	《关于做好冬季旅游产品供给工作的通知》	依托独特的气候条件、生态环境和旅游特色资源，推出一批具有地方特色和季节特点的冰雪旅游、温泉旅游、红色旅游、生态旅游、乡村旅游、体育旅游、康养旅游、民俗旅游、避寒旅游等旅游优质产品
2018 年 9 月	中共中央、国务院	《关于完善促进消费体制机制　进一步激发居民消费潜力的若干意见》	支持邮轮、游艇、自驾车、旅居车、通用航空等消费大众化发展，加强相关公共配套基础设施建设。建立现代体育产业体系，推动体育与旅游、健康、养老等融合发展，积极培育潜在需求大的体育消费新业态
2018 年 1 月	中共中央、国务院	《关于实施乡村振兴战略的意见》	加快发展森林草原旅游、河湖湿地观光、冰雪海上运动、野生动物驯养观赏等产业，积极开发观光农业、游憩休闲、健康养生、生态教育等服务
2016 年 12 月	中共中央、国务院	《关于深入推进农业供给侧结构性改革　加快培育农业农村发展新动能的若干意见》（中央一号文件）	大力发展乡村休闲旅游产业。充分发挥乡村各类物质与非物质资源富集的独特优势，利用"旅游+""生态+"等模式，推进农业、林业与旅游、教育、文化、康养等产业深度融合

续表

发布时间	发布单位	政策名称	相关内容
2016 年 10 月	国务院	《"健康中国 2030" 规划纲要》	积极促进健康与养老、旅游、互联网、健身休闲、食品融合，催生健康新产业、新业态、新模式
2015 年 11 月	国务院办公厅	《关于加快发展生活性服务业促进消费结构升级的指导意见》	推动旅游服务向观光、休闲、度假并重转变，提升旅游文化内涵和附加值。进一步推动集观光、度假、休闲、娱乐、海上运动于一体的滨海旅游和海岛旅游。丰富老年旅游服务供给，积极开发多层次、多样化的老年人休闲养生度假产品

三、中国康养旅游的发展现状及需求特点

近年来，国家层面和各地政府部门加大康养旅游政策制定和规划编制的力度，并积极推进项目落地，康养旅游进入加速发展阶段。尤其是进入 20 世纪 20 年代，国人更加关注健康问题，对健康的理解、对康养旅游的需求都较之以往更加强烈。

（一）中国康养旅游的发展现状

康养旅游作为传统大众旅游的升级版，作为"健康＋旅游"的结合体，在市场规模方面不断成长。另外，康养旅游的标准建设、政策跟进、产品体系建设以及舆论宣传也在随之跟进。

康养旅游市场规模在稳步推进。全国旅游标准化技术委员会 2022 年 5 月发布的《康养旅游机构服务指南（征求意见稿）》编制说明显示，2015 年康养旅游的交易规模约为 400 亿元，2018 年市场规模达到 691 亿元，2019 年市场规模将近 830 亿元，2015—2019 年年均复合增速高达 20% 左右。

机构调整为康养工作带来新的变化。2023 年 10 月 12 日，中共中央办

公厅、国务院办公厅发布《关于调整国家卫生健康委员会职责机构编制的通知》，明确提出康养相关工作由国家卫生健康委员会划归民政部，同时明确了国家卫生健康委员会职责、机构、编制的调整。此次国家卫生健康委员会职责的调整是为了更好地实施积极应对人口老龄化国家战略作出的选择，也是顺应我国国情发展变化而作出的重要决策。

康养旅游标准建设（包括国家标准与地方标准）与相关评定不断涌现。在国家标准方面，2016年1月，国家旅游局发布《国家康养旅游示范基地》这一行业标准，明确了"康养旅游"概念。2016年9月13日，"推进健康旅游示范基地建设工作座谈会"在北京召开，国家卫生和计划生育委员会公布了首批健康旅游示范基地名单。在地方标准方面，河南、安徽、湖南等多地政府围绕康养旅游服务体系建设制定了相应标准。例如，河南省文化和旅游厅和省乡村振兴局联合编制的《乡村康养旅游示范村等级划分与评定》（DB 41/T 2283-2022）已经省市场监督管理局组织评审并批准发布。该《标准》充分吸收借鉴了河南近年来发展康养基地、民宿旅居、乡村旅游、巩固脱贫攻坚成果等方面的经验做法，从定性、定量两个维度，将休闲康养、民宿旅居、乡村旅游和巩固拓展脱贫攻坚成果同乡村振兴有效衔接，一并布局、一起谋划、一体打造。按照"乡村设计是关键、生态环境是保障、公共服务是基础、康养旅居是需求、旅游产业是支撑、文化赋能是动力、组织建设是根基、综合效益是目的、乡村创意是引领"原则，明确了乡村设计、公共服务、组织建设、康养旅居、文化赋能、生态环境、综合效益、乡村创意、旅游产业等9项评定内容，并围绕此设置9个模块、39个分项、98个小项，实行千分制，做到内容指标化、指标项目化、项目分值化，既立足实际有效指导各地开展乡村康养旅游示范村创建实践，又适度超前引领未来乡村康养旅游的发展趋势，具有重要的基础性、引导性和规范性作用。

康养旅游国家政策、行业规范和地方措施持续跟进。中共中央、国务院印发政策文件，通过"十三五"规划、"十四五"规划、中央一号文件、部门规章等，不断强调对康养旅游的支持政策。2023 年 9 月，国务院办公厅印发《关于释放旅游消费潜力推动旅游业高质量发展的若干措施》（国办发〔2023〕36 号）再次强调，积极开发森林康养、生态观光、自然教育等生态旅游产品。推出一批特色生态旅游线路。推进森林步道、休闲健康步道建设。

康养旅游产品体系形成初步架构。各地依托康养资源进行产品开发包装，形成"康养＋生态""康养＋度假""康养＋农旅""康养＋医疗保健""康养＋文化""康养＋运动""康养＋民宿地产"等产品体系。康养旅游配套服务和上下游生态已基本形成。

舆论宣传为康养旅游传播营造环境。近年来，央视媒体、地方官媒和新媒体等加大康养旅游信息投放力度。各类形式的推介会不断涌现，通过景区旅游宣传片、康养资源及旅游产品推介、景区景点介绍、旅游宣传册、文创产品发放等方式，展现康旅资源和景观风貌，引发社会持续关注，积极培育康养旅游消费群体。

（二）康养旅游的市场需求特点

老龄化是康养旅游发展的重点目标市场形成因素。根据 2023 年 10 月民政部发布的《2022 年民政事业发展统计公报》，截至 2022 年底，全国 60 周岁及以上老年人口 28004 万人，占总人口的 19.8%，说明我国已进入中度老龄社会。其中，65 周岁及以上老年人口 20978 万人，占总人口的 14.9%。截至 2022 年底，全国约有 4143.0 万老年人享受老年人补贴，其中，享受高龄补贴的老年人有 3406.4 万人，享受护理补贴的老年人有 94.4 万人，享受养老服务补贴的老年人有 574.9 万人，享受综合补贴的老年人有 67.4 万人。全国共支出老年福利资金 423.0 亿元，养老服务资金 170.1 亿元。

消费结构升级是推动康养旅游快速发展的重要动力。2022 年 12 月 14 日，中共中央、国务院印发的《扩大内需战略规划纲要（2022-2035 年）》指出，全面促进消费，加快消费提质升级；顺应消费升级趋势，提升传统消费，培育新型消费，扩大服务消费，适当增加公共消费，着力满足个性化、多样化、高品质消费需求。国家统计局数据显示，2023 年 1—6 月，全国居民人均消费支出 12739 元，比上年同期名义增长 8.4%，扣除价格因素影响，实际增长 7.6%。社会消费品零售总额 227588 亿元，同比增长 8.2%，比一季度加快 2.4 个百分点。从 2019 年到 2023 年，人们与"家"的关系有了全新的增进，一方面，人们开始重新思考家空间的健康、舒适和便利性，另一方面更加重视健康、细致和对老人的关怀。2022 年 10 月 11 日，国家统计局发布"党的十八大以来经济社会发展成就系列报告之十九"指出，党的十八大以来，居民消费水平持续提高，消费能力不断增强。消费结构优化升级，发展型、享受型消费日益提升。2021 年全国居民人均医疗保健支出 2115 元，同比增长 152.3%，年均增长 10.8%，快于全国居民人均消费支出年均增速 2.8 个百分点，占人均消费支出的比重为 8.8%，比 2012 年上升 1.8 个百分点。2021 年全国居民人均服务性消费支出占人均消费支出的比重为 44.2%，比 2013 年提高 4.5 个百分点。随着城乡医保并轨政策的深入推进，健康中国战略的全面实施，城乡居民能够享有的医疗公共服务水平逐步提高。

快节奏生活和亚健康是康养旅游群体拓展的重要原因。2007 年，中华中医药学会发布的《亚健康中医临床指南》指出，亚健康是指人体处于健康和疾病之间的一种状态。处于亚健康状态者，不能达到健康的标准，但也不符合现代医学有关疾病的临床或亚临床诊断标准。研究发现，我国只有 15% 的人群处于健康状态，约 70% 的人处于亚健康状态。我国是人口老龄化速度较快的国家之一，中老年人由于年龄和生理原因，机体新陈代谢放缓，再加上抵抗力下降等不同特征，更容易出现疾病问题或处于亚健康状态。

四、中国康养旅游的区域布局及发展模式

近年来，各地结合自身资源条件和区域条件，开发各种类型的康养旅游

产品，在传统观光旅游谱系上增加康养元素，实现要素对接。

（一）中国康养旅游的区域布局

根据区域地理划分，全国可划分为八大区域，即东北地区（辽宁、吉林、黑龙江、内蒙古）、华北地区（北京、天津、河北、山西）、华东地区（山东、江苏、安徽、浙江、福建、江西、上海市）、华中地区（湖北、湖南、河南）、华南地区（广东、广西、海南）、西北地区（宁夏、新疆、青海、陕西、甘肃）、西南地区（四川、云南、贵州、西藏、重庆）和港澳台地区，每个区域康养旅游发展情况各异。

1. 东北地区

东北地区包括黑龙江省、吉林省、辽宁省和内蒙古自治区。该区域康养旅游产业的发展主要依托于其优质的自然资源、良好的生态环境和独特的气候特征。2023 年 10 月 27 日，中共中央政治局召开会议，审议《关于进一步推动新时代东北全面振兴取得新突破若干政策措施的意见》。会议指出，推动东北振兴是党中央作出的重大战略决策。东北地区资源条件较好，产业基础比较雄厚，区位优势独特，发展潜力巨大，在国家发展大局中具有重要战略地位。要加强生态保护，树立"增绿就是增优势、护林就是护财富"的理念，积极发展林下经济、冰雪经济，筑牢北方生态安全屏障。

黑龙江省发挥气候和森林等资源优势，推进康养旅游发展。2023 年 8 月 1 日，黑龙江省首届生态康养旅游大会在黑龙江省伊春市举行。大会以"康养龙江　森系夏天"为主题，旨在通过大会展示黑龙江康养旅游资源优势，强化黑龙江各地康养旅游资源互动，积极推进黑龙江康养旅游产业与健康、养老、体育等特色产业联动发展，叫响"中国康养旅游目的地"文化旅游品牌。会议公布了"龙江生态康养旅游线路"，涵盖全省十三市地优质的生态资源、经典的康养产品。此外，伊春市发布了《黑龙江夏季避暑旅游"百日行动"伊春市夏季康养旅游产品》和《伊春市支持生态康养旅游产业发展若干政策措施》，推动黑龙江康养旅游产业高质量发展。

内蒙古加快康养旅游融合发展。一是全面打造康养旅游优选地。2023 年，内蒙古自治区政府工作报告提出："让内蒙古成为自驾游的首选地、露营游的佳选地、度假游的必选地、康养游的优选地。"内蒙古自治区共有 66 家 A 级旅游景区设有康养旅游项目，乌兰察布市日光草原·大河湾滑雪场等 9 家 A 级旅游景区位列其中。多款具备杀菌、保健、运动、防护等功能的健康生活旅游商品，入选"内蒙古礼物"。二是持续加强康养品牌建设。近年来，中医药康养旅游、旅居养老示范基地等旅游产品的持续打造，"草原避暑之都、康养休闲福地"——乌兰察布康养品牌的不断建设，正在适应度假休闲时代对旅游业的新要求。内蒙古成为京津冀地区乃至全国民众康养、旅居优选地之一。

2. 华北地区

华北地区包括北京市、天津市、河北省和山西省。华北地区是京津冀都市圈的所在地，同时也是中国北方地区最为重要的客源地之一，具有丰富的旅游资源。

京津冀地区在推进一体化进程中，把握雄安新区建设机遇，加快康养旅游发展。2023 年 6 月 20 日，以"融合创新——健康文旅产业高质量发展之路"为主题的 2023 健康文旅产业发展大会在河北保定开幕。大会由中国非物质文化遗产保护协会、中国旅游协会、河北省文化和旅游厅、保定市人民政府共同主办，设推介会、夜经济调研、健康文旅主题成果展及开幕式、现场签约、项目对接交流会、健康文旅项目调研等环节，吸引国内院士专家及科研院校、文旅企业、金融机构代表参加。北京市旅游行业协会、天津市旅游协会、河北省旅游协会、中国旅游协会健康旅游分会、中国非物质文化遗产保护协会中医药委员会、保定市文化广电和旅游局共同签署"京津冀文旅康养廊道"暨"京雄保 1 号旅游风景道"建设战略合作框架协议。

近年来，山西省发挥文化资源和冷凉气候避暑资源优势，推进康养旅游发展，并加快出台地方行业标准。山西省着力打造"康养山西、夏养山西"品牌，加强顶层设计，推动标准体系建设。山西省构建了文旅康养示范区标准体系框架，将文旅康养示范区标准体系划分为基础通用标准、文旅康养业态标准、管理支撑标准 3 个子体系，涵盖避暑康养、温泉康养、中医药康养、运动康养、森林康养、乡村休闲康养 6 个康养产品业态，充分考虑了文旅康养中旅游要素、康养功能的通用方面，并着力解决文旅康养发展标准化引领、数字化转型、示范区建设等问题。此外，还梳理了标准明细表，包含国家标准、行业标准、地方标准以及团体标准，共计 175 项。同时，对原有山西省旅游标准体系进行修订，增加康养内容，使该标准体系与山西省旅游标准体系、山西省养老服务标准体系充分协调。目前，山西已建成 9 个康养示范区、56 个标准化森林康养基地，先后制定并发布了《文旅康养示范区评定规范》《康养旅游基地服务规范》《乡村旅游康养服务指南》等 13 项地方标准，确保文旅康养产业发展有标准可依。

3. 华东地区

华东"六省一市"包括山东省、江苏省、安徽省、浙江省、福建省、江西省和上海市。华东地区海岸线绵长，地形以平原和丘陵为主，沿海有着面积广阔的滩涂和防护林带，同时也是温泉的富集地区。另外，华东地区经济发展相对发达，配套设施一直走在全国前列，其本身就是庞大的康养旅游客源市场。

近年来，山东省印发了《关于加快推进文旅重点项目建设扩大有效投资的若干措施》等一系列政策文件，聚合财政、金融等多方面政策支持项目建设。在财政支持方面，争取省财政对精品旅游产业集群及龙头企业进行专项激励，全省 4 个产业集群和 8 家龙头企业共获得激励资金 3885 万元。2023 年 11 月 8 日，中国文旅企业合作发展大会开幕式上，山东发布了 20 个重点文旅招商项目，涵盖休闲康养、海洋旅游、乡村旅游、文化体验等 4 类项目，投资总额达 721.79 亿元。其中，休闲康养类项目 5 个，项目投资总额 248.16 亿元，融资需求 183 亿元，5 个项目分别为济南温泉康养产业园项目、青岛临空经济示范区综合性文旅项目、淄博天鹅湖罗曼园项目、济宁泗之源·泉文化康养小镇项目、日照开元森泊度假乐园项目。

江西省加强康养旅游顶层设计。2021 年，江西省人民政府办公厅发布《关于推进康养旅游发展的意见》。该《意见》设定发展目标，通过持续努力，全省康养旅游产业体系基本完备，产业规模不断扩大，服务能力明显提高，品牌影响全面提升，综合竞争力显著增强，成为全国一流的康养旅游目的地。到 2025 年，培育一批规模以上康养旅游企业，建成一批国家康养旅游示范基地和引领项目，孵化一批具有自主知识产权的康养旅游产品，培养一批康养旅游高端应用型人才。构建具有江西特色的康养旅游产业体系，全力发展中医药康养旅游产业，提升发展温泉康养旅游产业，持续发展森林康养旅游产业，加快发展避暑康养旅游产业。大力发掘优质避暑旅游气候资源，创新发展文化康养旅游产业，大力拓展运动康养旅游产业。另外，江西省乡村康养品牌建设发展较快。2023 年 11 月 10 日至 12 日，第十五届健康中国论坛·乡村康养（婺源）主题论坛暨首届乡村康养论坛在江西婺源举行。论坛以"和美乡村，幸福婺源"为主题，由中央统战部、中华民族团结进步协会指导，人民日报健康客户端、北京同心共铸公益基金会主办，婺源县人民政府、中国健康好乡村组委会承办。论坛还发起《中国乡村康养倡议书》，呼吁"打造一个健康、美好、富有活力的乡村康养生态圈，为乡村振兴和健康中国作出我们的贡献"。此外，《中国乡村康养白皮书（2023）》也在论坛上发布。

4. 华中地区

华中地区包括湖北、湖南、河南三省，文化底蕴厚重，自然风光秀丽，具有森林、温泉、湖泊等康养旅游资源，尤其是森林和温泉康养旅游已经形成规模。

湖南省加快中医药康养旅游发展。2022 年 12 月 26 日，湖南省文化和旅游厅和湖南省中医药管理局发布了 2022 年湖南省首批中医药康养旅游省级示范体验基地名单，九芝堂中医药博物馆、炎陵县炎帝陵景区、苏仙区苏仙岭橘井泉香等 40 家基地成为中医药康养旅游省级示范体验基地。在同年 11 月举行的"三湘非遗风·惊艳全世界"湖南省首届非遗博览会上，公布了"2022 湖南省首批中医药康养旅游精品线路"，包括养神、养肺、养胃、养元、养身、养心等 6 条线路，覆盖 14 个市（州）53 个县（市区），串联 68 个中医药康养体验基地。2023 年 8 月，湖南省中医药管理局根据《关于公布 2022 年湖南省首批中医药康养旅游精品线路及省级示范体验基地的通知》要求，组织制定了《湖南省中医药康养旅游省级示范体验基地建设指南（试行）》，推进康养旅游高质量发展。

5. 华南地区

华南地区包括广东、广西和海南三省（区）。华南地区处于热带和亚热带区域，气候温润，具有康养旅游发展的大气候。同时，这一区域的森林资源、海滨资源和温泉资源也非常丰富，已经成为重要的康养旅游目的地。

广西省制定康养旅游行动方案。2023 年 11 月，广西出台《深入推进"壮美广西·长寿福地"康养产业发展三年行动方案（2023—2025 年）》。根据《方案》，今后 3 年，广西将坚持"政府引领、市场主导，产业联动、多元融合，开放带动、集聚发展，项目支撑、创新驱动"的原则，推动康养产业特色化、品牌化、国际化发展，打响"壮美广西·长寿福地"康养品牌，到 2025 年，初步形成覆盖全面、内容丰富、特色鲜明、布局合理的康养产业体系，康养产业生产总值年均增长 8% 以上，总产值达到 4000 亿元，成为广西战略性支柱产业。广西重点康养板块包括旅居养老产业、康养旅游产业、健康运动产业、医药保健产业、康复疗养产业、康养食品产业和康养制造产业。

海南省以博鳌乐城国际医疗旅游先行区为龙头推动康养旅游发展。2020 年，中共中央、国务院印发《海南自由贸易港建设总体方案》，提出推动旅游与文化体育、健康医疗、养老养生等深度融合。海南自贸港建设自此全面提速，康养旅游、医疗旅游等产业的发展迎来黄金期，吸引了各大旅游企业加快布局康养旅游市场。海南博鳌乐城国际医疗旅游先行区聚集的数十家高端医疗机构为海南康养旅游发展奠定了坚实基础，让游客在国内就可以体验到国际领先的医疗及康养服务。在海南自贸港政策、《关于支持建设博鳌乐城国际医疗旅游先行区的实施方案》等利好措施的加持下，众信旅游、凯撒旅游、海南航空等大型企业与乐城先行区开展合作，通过资源整合、产品研发、人才培养等，深耕医疗、康养旅游产业链。其中，乐城先行区和众信旅游合作推出的"乐城城市展厅"已落地北京，接下来还将创新设计一系列相关医疗康养旅游产品并投入市场，为客户提供集问诊、治疗、医美、医养、度假、旅游于一体的综合医疗健康服务。

6. 西北地区

西北地区包括宁夏、新疆、青海、陕西和甘肃五省（区）。该地区区域位置独特、民族风情浓郁。由陕西、甘肃、青海、宁夏、新疆五省（区）和新疆生产建设兵团组成的西北旅游协作区，是我国成立最早、面积最大的区域旅游协会组织。

新疆康养旅游资源包括森林草原、温泉、沙疗等 21 个基本类型，独特的饮食、医药文化及丰富的农林果产品也为发展康养旅游提供了必要的物质基础。2022 年，自治区发布《新疆维吾尔自治区文化和旅游发展"十四五"规划纲要》提出，依托本地康养旅游资源，打造养生、康体、医疗、养老等产业为支撑的康养旅游产业链；创建一批康养旅游基地，着力打造生产、生活、生态融合的康养产业发展集聚区；创新生态康养旅游业态，推动康养旅游向以康复疗养、养生健体、度假保健为主兼具观光休闲、商务会议、运动娱乐的复合型、优质型康养旅游度假区转型发展。

7. 西南地区

西南地区涵盖四川省、云南省、贵州省、西藏自治区和重庆市。这一区域地处西南山区，多数山脉和水系呈南北走向。地带性是西南地区最明显的特征，发展康养旅游的小环境类型多样。其中，四川省全面推进康养旅游发展。

（1）完善康养旅游顶层设计。省级层面先后出台《四川省养老与健康服务业发展规划（2015—2020年）》《四川省中医药健康养生旅游总体规划》《四川省康养旅游发展规划（2015-2025）》《四川省健康产业规划（2021-2025）》等专项规划以及《森林康养基地建设　基础设施》《森林康养基地建设　资源条件》《森林养生基地质量评定》《四川省"4+6"现代服务业全口径统计调查制度范围分类（医疗康养服务产业）》等行业标准，为康养文旅产业融合发展提供了引导性文件。2020年，省民政厅出台《四川省两项改革"后半篇文章"农村养老服务能力提升工作方案》，省文旅厅、省卫健委、省中医药管理局等部门联合出台《关于进一步推动健康旅游发展的实施意见》，提出到2025年，力争将四川打造成为全国医疗康养旅游目的地。2021年，省卫健委出台《医疗康养服务产业培育方案》，省民政厅、林草局、自然资源厅等8部门联合出台《关于加快推进森林康养产业发展的实施意见》，为全省康养旅游发展进一步完善顶层设计。

（2）优化康养旅游产业布局。整合全省特色文化旅游、自然生态和医药健康优势资源，初步建成"1234N"的全域四川健康养生旅游框架。即一个核心（成都），两大区域（川南和三州地区），三大中心（青城山、峨眉山和攀西旅游区），四大板块（文化旅游板块、中医健康养生旅游板块、民族医药生态旅游板块、中药资源科考旅游板块），N条精品线路（"阿坝藏羌医药文化与健康养生探寻""甘孜藏医药文化与健康养生探寻""攀西彝族、摩梭医药文化与健康养生探寻""中医药与佛教、彭祖长寿文化体验""中医药与道教养生文化体验"等线路）。

（3）丰富康养旅游特色产品。指导各地因地制宜，不断发展一批具有一定规模影响，且具有地方特色的多类型康养产品，主要包括以攀西地区为代表的阳光康养旅游；以广元、绵阳、巴中、达州为主的秦巴地区森林饮食养生康养旅游区和以雅安、乐山为主的森林康养茶道养生度假区为代表的森林康养旅游；以大成都、大峨眉、大川南、大九寨、香格里拉、环贡嘎山、大秦巴、攀西阳光温泉等为代表的温泉康养旅游；以都江堰—青城山、峨眉山为代表的文化康养旅游。

（4）打造和培育康养旅游品牌。高度重视康养品牌创建，积极打造和培育康养文旅目的地，成功创建以康养为主题的省级以上旅游度假区10个（其中国家级2个）、国家A级景区61个、省级中医药健康旅游示范基地25个。全省有国家级森林康养基地4个、省级森林康养基地293个、全国森林康养基地试点建设单位67个。2021年，省文旅厅、省中医药管理局启动省级中医药健康旅游示范基地动态管理制度，复核2018年评定的基地，其中，摘牌1家基地，约谈1家基地，有效实现示范基地的科学管理和规范发展。

（5）积极推进康养旅游项目。全省坚持"项目化推进"康养文旅产业发展，目前，全省文旅重点在建项目453个，其中，康养文旅主题项目193个，占比42.6%，总投资7843.92亿元，涵盖生态旅游、森林康养、温泉康养、阳光康养、运动休闲旅游等类型。2019年以来，在举办的三届全省旅投大会上，集中签约康养主题文旅项目129个，落地签约3172.7亿元，分别占比55.84%、54.32%。

8. 港澳台地区

对于港澳地区的康养旅游发展而言，主要存在两种基本途径。一种是在本地医疗产业基础上进行专业化延伸，拓展医疗的功能。香港博爱医院将自有的中医服务和医疗服务向下属缺乏服务保障的安老机构进行了延伸，提供定期的西医巡诊、护士护理、中医针灸、牙病专科等服务。这样既降低了安老机构的成本，也在内部形成了良性循环。另一种是港澳企业与内地建立合作关系，共同开发康养旅游产品。例如，香港新华集团与南京市溧水区和南京城市职业学院合作，建设康养学院和康养产业园等设施；绿地香港控股有限公司于2018年3月正式发布"医康养"产业发展战略，聚焦产业，利用品牌优势，调配国内外尖端医康养资源，打造一流生命健康服务平台，与澳大利亚的养老机构莫朗国际健康集团、国内的上海国际医学中心共同投资，落地上海首家阿尔茨海默病专业照护机构。

一方面，从康养资源总体情况来看，我国台湾地区拥有丰富的地热资源、森林资源和滨海旅游资源，本身就已成为典型的康养旅游目的地，此外，还开发出北投温泉、阿里山和肯定公园等康养旅游目的地。另一方面，我国台湾地区的旅居式养老也有一些成功的案例。台湾地区进入老龄化时间较早，通过向国际社会学习经验，积累了较为丰富的经验。长庚养生文化村是医养联合、高效服务的经典作品，是集养老、医疗、文化、生活、娱乐等功能于一体的"银发族小区"。服务机构管理先进，设施完善，注重人文关怀；医护专业深入细分，为老龄护理提供了专业技术和人才保障。

近年来，部分省（区、市）发布的康养旅游行业政策如表3所示。

表3　部分省市近年来康养旅游行业政策

省（区、市）	政策名称	政策年份	相关内容
北京	《中共北京市委　北京市人民政府关于贯彻落实〈质量强国建设纲要〉的意见》	2023	推进旅游服务标准化建设，打造乡村旅游、康养旅游、红色旅游等精品项目
上海	《上海市老龄事业发展"十四五"规划》	2021	促进老年旅游健康发展，鼓励旅游企业设计更多的一日游、半日游、短途游和康养游等适合老年人的旅游产品，进一步提升老年旅游产品与服务品质，在长三角区域共同打造一批国际一流、特色鲜明的旅游康养示范基地和养生养老基地
重庆	《质量强市建设实施方案》	2023	规范旅游市场秩序，改善旅游消费体验，提升旅游服务供给品质，打造乡村旅游、康养旅游、红色旅游等精品项目

续表

省（区、市）	政策名称	政策年份	相关内容
河北	《加快建设京畿福地、老有颐养的乐享河北行动方案（2023—2027年）》	2023	顺应需求多元化趋势，创建协同养老示范带。以满足中高端养老服务需求为目标，坚持市场主导，强化京冀合作，构建"一区、一圈、三带"康养产业发展格局，打造京冀养老福地，推进旅居项目建设，推进文旅康养特色小镇项目建设，推进医养项目建设，推进培训疗养机构转型项目建设
山西	《山西省"十四五"文化旅游会展康养产业发展规划》	2022	构建一个康养产业发展核心，集聚两个康养产业片区，培育多个康养产业支撑点；优先发展避暑康养，优化提升温泉康养，试点推进森林康养，培育乡村休闲康养，大力推进运动康养，着力推动中医药康养；建设一批康养小镇，培育一批康养社区
内蒙古	《关于促进养老产业加快发展的若干政策措施》	2023	大力发展康养旅游、候鸟旅游、红色旅游等适合老年人的旅游项目。鼓励旅游企业打造特色运营模式，开发更多适合老年人的旅游产品
辽宁	《辽宁省"十四五"促进养老托育服务健康发展实施方案》	2022	加强康养产业与医疗保健、休闲观光、现代农业、旅居养老等业态的融合发展。依托辽东绿色经济区、辽中南温泉旅游带的独特气候、生态优势以及温泉、森林等特色资源，提供高品质健康疗养、慢性病疗养等健康产品和服务，打造特色生态康养基地
黑龙江	《黑龙江省康养旅游高质量发展行动方案（2022—2026年）》	2022	积极推进康养旅游产业与健康、养老、体育等特色产业联动发展，通过康养旅游与多方面社会生活相融合，构建"康养旅游+"全产业发展格局，形成康养旅游创新发展模式
江苏苏州	《苏州市康养产业高质量发展行动计划（2022—2025年）》	2022	促进医养康养协同发展；构建多元化养老服务供给体系；提高医养结合服务水平；推进康养产业创新集群发展；推进智慧康养产业发展；探索"康养+互联网"发展新模式；做大做强康养集团；完善康养人才培养模式

省（区、市）	政策名称	政策年份	相关内容
安徽	《安徽省健全基本养老服务体系促进养老服务高质量发展行动计划（2021—2023年）》	2021	推进健康养老产业"双招双引"工作；依托皖南山区、大别山区、皖北地区生态旅游和中医药优势资源，打造不少于10个面向长三角的康养产业带、康养小镇和旅居健康养老基地
福建	《福建省贯彻〈中共中央 国务院关于加强新时代老龄工作的意见〉实施方案》	2022	依托福建生态、中医药、温泉等资源优势，发展康养旅游，推进养老产业与中医药养生、温泉度假、文化体验等结合，培育一批乡村康养、森林康养、温泉康养、海洋康养等绿色康养旅游新业态，丰富旅游产品有效供给
江西	《江西省康养旅游发展规划（2021—2030年）》	2022	以大南昌都市圈康养旅游为核心区，建设五片多节点的康养旅游网络。实施康养旅游品牌基地创建工程，打造若干康养旅游目的地节点
山东	《山东省中医药产业发展规划（2022—2025年）》	2021	大力发展以中医药产品体验和文化传播为主体的中医药康养旅游，打造康养文旅新地标。遴选一批省级中医药特色的文旅康养融合发展示范区、康养旅游示范基地，推出一批中医药康养旅游打卡地
河南	《河南省"十四五"老龄事业发展规划》	2022	依托山水、温泉、中医药、太极少林文化等资源，深入推进医养康养结合，建设适宜老年人的乡村旅居、休闲康养目的地
湖南	《湖南省中医药健康服务业发展行动计划（2022—2025年）》	2022	打造森林疗养、研学旅游、温泉康养等体验性强、参与度广的康养旅游产品。继续推进国家森林康养基地、国家中医药健康旅游示范区（基地）、中医药健康旅游综合体、康养型研学旅游基地等示范基地建设
广东	《广东省"十四五"旅游业发展规划实施方案》	2023	推动惠州打造湾区康养休闲度假旅游目的地，着力打造温泉度假、森林生态、山地运动、中医药康养等生态旅游品牌，推动旅游与中医药康养、森林康养、温泉康养等有机结合，打造一批康养旅游集聚区

续表

省（区、市）	政策名称	政策年份	相关内容
广西	《广西贯彻落实〈质量强国建设纲要〉实施方案》	2023	加快完善社区养老服务设施，积极发展互助性养老服务。建设一批康养酒店、职工疗休养基地等特色康养旅游基础设施，推进广西旅居养老基地建设
海南三亚	《三亚打造国际旅游胜地促进文旅消费行动若干措施》	2023	提速发展康养旅游。结合丰富的康养旅游资源，重点发展自然康养游、中医疗养游、温泉疗养游，把三亚打造成产业要素齐全、产业链条完备、公共设施完善的综合性康养旅游目的地
四川	《四川省创建国家全域旅游示范区实施方案》	2022	联动"川东北文旅游经济带""环成都文旅经济带""川南文旅经济带"建设环盆周山地康养度假旅游带；做优文化体验，以山地康养为特色，打造山水文化交相辉映的川东北文旅经济区；以安宁河谷和金沙江沿岸农文旅融合为基础，将攀西文旅经济区建设成国际阳光康养旅游目的地
贵州	《"十四五"贵州省老龄事业发展和养老服务体系规划》	2022	打造"康养到贵州"品牌，结合贵州自然资源优势，大力发展中医药康养、温泉康养、体育康养、森林康养等老龄产业发展新模式、新业态
云南	《云南省"十四五"制造业高质量发展规划》	2022	建设国际健康医疗城，建设森林养生公园、湖滨康养度假区、温泉康疗综合体和高端养老生态社区，着力提升全省制造业对康养基础设施建设的支撑能力
甘肃	《关于加大服务业重点行业扶持全面促进消费增长的若干政策措施》	2023	开发"休闲避暑游""特产品鉴游""民族风情游"等产品，打造全国知名的休闲康养旅游目的地。大力发展乡村旅游消费，开发农村旅游资源，支持发展乡村休闲旅游、康养旅游等文旅业态

（二）中国康养旅游的发展模式

从发展模式看，我国康养旅游主要凸显康养功能，通过"康养＋"植入相应要素，实现"健康"与不同类型资源的组合。具体来看，相关发展模式有以下 5 种。

（1）医旅融合，医疗康养模式。"医旅融合"旨在依托中国现有的医疗资源，建设医养结合的旅居基地，将丰富的中医院资源、民族医药疗法与福寿文化相结合，打造养老旅游小镇和温泉养生度假区。同时，与医疗服务机构进行合作，开展包括护理、保健、体检以及康复等全面的一站式全生命周期的健康服务。

（2）文旅融合，文化康养模式。"文旅融合"是指依托项目地的风土人情、民俗特色、历史文化等进行深度挖掘，开展丰富多彩的展现当地特色文化的活动。借助文化资源来提升游客体验，丰富游客的精神世界，感受独特的康养目的地的文化熏陶，得到精神与生活的双重满足。

（3）农旅融合，农业康养模式。"农旅融合"是指将乡村的第一产业与第三产业融合，发展绿色种植业、生态养殖业，开发适宜于特定人群、具有特定保健功能的生态健康食品，同时结合生态观光、农事体验、食品加工体验、餐饮制作体验等活动，以此来推动农旅融合产业链综合发展。

（4）林旅融合，森林康养模式。"林旅融合"以森林生态环境为主要发展资源，开发满足游客需求的养生、休闲设施，满足游客修身养性、疗养度假的康养旅游需求。目前，森林康养是国内发展较快、体系相对成熟的康养旅游形式。

（5）体旅融合，运动康养模式。"体旅融合"依托山地、水地、峡谷等旅游资源，打造滨水骑行绿道、环山栈道，并开展登山、攀岩、山地越野等专项运动，强化健康生活理念，推动旅游业与体育、度假、康养、赛事的深度融合。

五、中国康养旅游发展面临的挑战和发展趋势

我国主要的康养旅游客群仍以出境接受更为先进的医疗技术的"康"旅

游为主，而在境内，侧重养老及疗养的"养"旅游的相关产业正蓬勃兴起。经过 20 多年的积淀发展，我国康养旅游在政策制定和体系建设方面取得了巨大进展。目前，从产业发展本身来看，还有一些提升空间。但从长远来看，康养旅游的蓬勃发展是大势所趋，具有广阔的发展前景。

（一）中国康养旅游发展面临的挑战

国内康养旅游发展面临的挑战主要包括以下几个方面。

（1）行业标准需要进一步丰富。目前，国家标准参照国家旅游局 2016 年发布的《国家康养旅游示范基地标准》，但随着近几年康养旅游发展形势的进一步变化，需要更多新的行业标准来指导康养旅游发展。另外，各地结合实际，制定并出台了一系列康养旅游发展标准，也需要做好相互协调。此外，将国标标准与地方标准有机结合，形成完备的康养旅游标准体系，要做到有据可依。

（2）康养旅游开发要避免概念泛化、产品同质化。目前，康养旅游开发容易出现"康养＋"扩大化，没有明确的发展边界；各地在产品开发和品牌打造过程中，也容易出现产品同质化和无序竞争等情况。

（3）软硬件配套需要进一步加强。康养旅游有别于一般观光旅游，基于特定的目的，对旅游目的地配套设施的要求，有着更高的标准；同时，在康养旅游资源管理方面，康养旅游也更加要求精细化、柔性化。

（4）康养旅游市场主体需要加强培养和拓展。对于老年人市场，需要解决新媒体宣传和老年人数字鸿沟之间的矛盾，利用数字化平台，加强产品宣传；同时，康养旅游市场的主体还要结合健康消费需要，向更多年龄段的康养群体拓展。

（5）需要进一步扩展国际元素，吸收国际经验。康养旅游的发展不仅要依托国内市场，通过"康养"要素带动传统旅游的发展，推动国内旅游发展的升级；同时，也需要对接国外市场，拓展消费群体。

（二）中国康养旅游的发展趋势

习近平总书记在党的二十大报告中强调，增进民生福祉，提高人民生活品质。必须坚持在发展中保障和改善民生，鼓励共同奋斗创造美好生活，不断实现人民对美好生活的向往。推进健康中国建设，实施积极应对人口老龄化国家战略。从总体来看，随着大健康产业的快速发展和人们对康养旅游的持续关注，我国康养旅游将会进一步提档升级。未来，中国康养旅游的发展趋势主要体现在以下六个方面。

（1）支持政策多元化，以健康中国为核心的跨产业政策助力康养旅游发展。2016 年，国家旅游局发布《国家康养旅游示范基地标准》，明确康养旅游相关概念。中共中央　国务院发布《"健康中国2030"规划纲要》，推进康养产业与旅游、互联网、健身休闲等产业结合。近年来，中央和多个部委单位发布了康养旅游相关政策文件，形成了初步的政策支持体系。可以预见的是，围绕健康中国建设，未来将有更多的行业政策制定出台。

（2）目标市场多样化，康养旅游消费群体将不只局限在养老范畴。随着人民生活水平的普遍提高，康养已经发展到了"泛康养"的概念。康养不再是老年人的专属，不同的年龄层有不同的康养需求。因此，对于康养旅游产品体系的建设，将有更高的要求。

（3）消费需求个性化，定制化康养旅游产品将会不断涌现。随着科技的不断发展和人们生活水平的提高，未来，康养旅游也将进入个性化消费的时代。对于特定康养旅游线路、旅游产品的需求，将结合消费主体的特点，实现定制化服务。

（4）体系管理数字化，新媒体和大数据等将极大助力康养旅游发展。随着人工智能、大数据等技术的不断发展，商家能够通过分析消费者的购物习惯、兴趣爱好和社交媒体数据等信息，为其提供专门的推荐和定制化的产品。同时，对于康养旅游目的地的总体管理，也将为数字化提供广阔空间。

（5）行业管理规范化，康养旅游相关标准规范将不断丰富完善。随着人们对康养的需求逐渐增加，行业相关信息监管、行业规范也会进一步加强，相关的咨询促进机构的入局将使康养行业不断正规化。

（6）产业发展国际化，康养旅游将进一步与国际市场融合。随着国内康养旅游体系建设的不断完善、康养旅游目的地和配套设施的不断升级，国际康养旅游消费市场将会进一步对接国内康养旅游目的地，总体上，入境康养旅游群体将会不断扩展。

参考文献

［1］Centers for Disease Control and Prevention［EB/OL］. https://wwwnc.cdc. gov/travel/yellowbook/2024/health-care-abroad/medical-tourism.

［2］《国务院关于促进健康服务业发展的若干意见》，2013 年 9 月。

［3］《国务院关于促进旅游业改革发展的若干意见》，2014 年 8 月。

［4］《中共中央　国务院〈"健康中国 2030"规划纲要〉》，2016 年 10 月。

［5］《国务院关于印发"十三五"旅游业发展规划的通知》，2016 年 12 月。

世界康养旅游发展现状与趋势

邹统钎　　胡晓荣　　王一丁 [①]

一、世界康养旅游发展的总体情况

（一）起源及发展概况

世界康养旅游的历史根植于古代文化，起源于古埃及、古希腊和古罗马时期的温泉疗养文化。然而，现代康养旅游的雏形始于 14 世纪初的欧洲温泉疗养的 SPA。在远古时代，埃及、希腊和罗马等文明已经认识到自然资源，如温泉水和泥浆，对健康的益处。然而，康养旅游在中世纪和文艺复兴时期逐渐演化，成为欧洲国家和美国的度假现象。在文艺复兴时期，重新审视古代文化，强调身体健康成为一个趋势，这进一步推动了疗养旅游的发展。18 世纪和 19 世纪，康养旅游迎来巅峰。温泉疗养地成为贵族和富人的度假胜地，被视为康复和休闲的理想之地。20 世纪初的 SPA 运动为现代康养旅游奠定了基础，将水疗疗法与度假结合，如加拿大的 Harrison Hot Springs Hotel 和美国的 Calistoga 等著名温泉度假胜地开始兴起。20 世纪见证了康养旅游的多样化。医疗科技的进步催生了医疗旅游，人们开始前往国际目的地接受手术治疗和

---

① 邹统钎，博士，北京第二外国语学院校长助理，丝绸之路国际旅游与文化遗产大学副校长，中国文化和旅游产业研究院院长，教授，研究方向为文化遗产管理、文化旅游发展政策等；胡晓荣，北京第二外国语学院旅游科学学院硕士研究生，研究方向为旅游目的地管理与旅游规划；王一丁，北京第二外国语学院旅游科学学院硕士研究生，研究方向为旅游目的地管理与旅游规划。

美容手术。休闲和娱乐旅游也成为康养旅游的一部分，提供各种休闲设施和服务。

世界康养旅游的发展如表 1 所示。

表 1　康养旅游的发展概况

时间阶段	地区	发展事件	发展概况	数据来源
19 世纪末	欧洲	温泉养生旅游兴起	温泉旅游作为康养旅游的一种形式，在欧洲尤其是德国、法国等国家开始流行	历史文献、旅游发展历史回顾文章
20 世纪50 年代	美国	疗养度假胜地的兴起	以森林浴、疗养院等自然疗法为特色的康养旅游在美国开始发展	旅游业发展报告、美国旅游局公布的历史资料
20 世纪70 年代	亚洲	东方传统医学融入康养旅游	中国、印度、泰国等国家，通过传统的中医、瑜伽、泰式按摩等方式发展康养旅游	亚洲各国旅游局的统计数据、专门的康养旅游研究文献
20 世纪90 年代	全球	Wellness Tourism 概念的形成	随着全球化和信息时代的到来，康养旅游成为旅游业的一个新兴领域	世界旅游组织（UNWTO）报告、健康旅游相关书籍和期刊文章
21 世纪初	全球	康养旅游市场快速扩张	伴随着世界人口老龄化和健康意识的增强，康养旅游市场得到迅速发展	经济发展研究报告、国际市场研究数据如 Euromonitor
2010 年	全球	康养旅游与科技、互联网结合	科技和互联网的发展推动了康养旅游服务的创新，如在线健康咨询、VR 养生体验等	科技和旅游的联合研究论文、创新旅游服务的案例研究
2020 年	全球	疫情后康养旅游的转型	COVID-19 疫情导致全球旅游业受挫，同时也促使康养旅游向更加个性化、安全性更高的方向发展	世界卫生组织（WHO）报告、卫生旅游行业分析

（二）康养旅游服务类型

世界各地提供的康养服务可以大致分为四类，即康养酒店和度假水疗中心、医疗（外科）服务、休闲和娱乐康养服务，以及精神和整体旅游服务。据全球健康研究所（GWI）研究，到 2027 年，预计主要的产业包括康养房地产（年增长 17.4%）、康养旅游（年增长 16.6%）、温泉 / 矿泉（年增长 14.3%）和心理健康（年增长 12.8%）。康养旅游与温泉 / 矿泉领域的未来增长率超越了平均水平，这一趋势体现了其持续复苏态势[1]。

首先，康养酒店和度假水疗中心通常基于水资源，提供多种康养活动，包括各种水疗和身体治疗，如芳香疗法、热石按摩、泥浴、水疗池等。它们旨在提供一个放松和恢复的环境，经常与美食、健康餐饮和个性化服务相结合。例如，泰国的安纳塔拉水疗度假村，提供泰式按摩和草药疗法；瑞士的巴德拉加兹豪华水疗中心，以其矿物质丰富的温泉著称；意大利的土斯卡尼地区，其温泉和水疗中心以天然温泉和美丽的乡村风光著称。

其次，医疗（外科）服务是一种受欢迎的康养选择。这种类型的康养服务通常与国际认可的医疗中心合作，提供高标准的医疗和外科护理，如整形手术、牙科手术、心脏手术等。这类服务往往包括术前咨询、手术、康复和术后护理。例如，韩国首尔的一些医疗中心专注于美容外科和皮肤治疗；印度的一些医院提供经济实惠的心脏和关节置换手术；泰国曼谷的一些医院以高标准的整形外科服务闻名；巴西里约热内卢的医疗中心提供高级美容和整形手术。

再次，休闲和娱乐康养服务是为那些寻求放松和娱乐的游客提供的。这类康养服务提供各种娱乐活动，包括高尔夫、温泉浴、美食品尝和文化体验等，不仅为游客提供锻炼身体的机会，也为游客提供了丰富的文化体验和精神滋养。例如，加勒比海岛屿的海滩度假村，提供潜水、帆船等活动；法国的滑雪度假村，提供滑雪和山地探险；摩洛哥的马拉喀什提供富有文化特色的休闲体验，如传统市集和历史遗迹游览。

最后，精神和整体旅游服务专注于精神上的恢复和成长，包括瑜伽、冥想、自然疗法、能量治疗、心灵研讨会等。这些服务通常在静谧和自然环境中提供，以促进身心和谐。例如，印度的瑞希克什瑜伽中心提供传统瑜伽和冥想课程；巴厘岛的整体健康度假村提供全面的身心灵治疗和成长课程；美国加州的一些整体健康中心提供全方位的身心灵疗愈课程和工作坊。

（三）康养旅游市场地理划分

国际康养旅游市场根据地理位置划分了欧洲、中东、非洲、南美、北美和亚太地区等六个市场。然而，值得注意的是，亚太地区在最新的数据中依然以最高的复合年增长率（CAGR）增长速度脱颖而出，预计将继续领跑市场增长。另外，东南亚和拉丁美洲等地区也逐渐崭露头角，成为吸引国际康养旅游者的重要目的地。目前，市场领导者包括加拿大、日本、韩国、瑞士等国家，它们以高品质的康养服务、独特的旅游体验和出色的基础设施而闻名，如韩国的美容、日本的体检、欧洲的氧疗、印度的瑜伽。不过，一些新兴国家如中国、印度和巴西也逐渐崭露头角，吸引了国际游客的关注。此外，地理市场划分的差异也反映了各地的康养旅游特色。例如，欧洲以其丰富的温泉和疗养胜地而闻名，中东提供奢华的健康度假体验，非洲吸引人们探索野生动物园和自然奇观，南美则以其独特的文化和风景吸引游客，北美地区以其多元化的康养选择和高质量的医疗服务脱颖而出，而亚太地区则吸引了寻求东方文化和传统康复方法的游客。

（四）康养旅游热点地区

全球康养旅游市场在 2022 年的市场规模估计为 814.6 亿美元，并预计从 2023 年到 2030 年将以 12.42% 的年复合增长率增长[2]。康养旅游市场正在全球范围内蓬勃发展，尤其是在亚太地区、欧洲和北美，康养旅游已经成为旅游业的一个重要子领域。然而，预计未来的康养旅行增长将主要发生在亚太地区、拉丁美洲加勒比地区、中东北非和撒哈拉以南非洲地区。其中，亚太地区在这个领域表现尤为出色，其康养旅游市场正以全球最快的速度增长。

亚太地区之所以成为康养旅游的热点地区，是因为它汇聚了丰富多彩的文化传统、壮丽的自然景观和先进的医疗设施。中国、印度、马来西亚、印度尼西亚、泰国和新加坡等国家日益受欢迎。这些国家不仅提供了各种康养选择，如瑜伽、冥想、温泉疗养和中医草药疗法，还注重提供身体健康、心灵平衡和文化体验的综合性旅行体验。一些国家和地区已经建立了世界级的康养设施，吸引了全球的康养旅客。例如，中国的中医养生中心、日本的温泉度假胜地以及泰国的瑜伽和冥想度假村等，都提供了高品质的康养服务和设施。还有一些国家如新加坡、韩国和印度已经成为医疗旅游的热门目的地。此外，亚太地区的长寿文化和健康饮食传统也吸引了许多康养旅游者。旅游者来到这里，希望汲取长寿的智慧和均衡的生活方式，学习如何更好地照顾自己的身体和净化心灵。

欧洲是全球康养旅游的重要热点地区，其深厚的历史渊源和成熟的健康消费文化使其脱颖而出。预计欧洲在市场中占据第二大份额。受到压力等相关健康问题增加的影响，该地区对康养服务的需求上升。据 Eurostat 数据，2021 年有 56.0% 的欧盟人至少进行了一次个人旅行，其中，西班牙是欧盟最受欢迎的国际旅游目的地。中欧地区和东欧地区注重健康与生活方式服务，其中医疗服务仍占主导地位。西欧地区以休闲和水疗中心为主，北欧地区强调户外活动和自然疗法，南欧地区则以康养酒店和水疗中心为特色。欧洲拥有丰富的温泉资源，如匈牙利的布达佩斯、瑞士的戴夫奇和法国的维希，游客可以在温泉水中放松身心，接受按摩和疗养疗程。同时，欧洲的自然风光也吸引了康养游客，如瑞士的阿尔卑斯山、奥地利的蒂罗尔地区和挪威的峡湾等，这些地区提供了壮丽的山脉和湖泊景观，适合户外康养活动，如登山、徒步和滑雪。地中海沿岸国家如意大利、希腊和西班牙则以其健康的地中海饮食而闻名，这种饮食对心脏健康有益。此外，欧洲的一些国家如德国和瑞士还拥有卓越的医疗保健系统，吸引了寻求高质量医疗服务的国际游客。

美洲地区的康养旅游重点关注休闲娱乐温泉和健康酒店，北美尤其强调以这些元素为基础的健康生活方式。2022 年，北美市场占据了约 39.7% 的市场份额，美国和加拿大是北美地区的重要康养旅游市场。加利福尼亚州的斯特拉特（Stratton）温泉胜地，拥有一系列温泉浴场和水疗中心，它们采用最先进的康复技术，如热疗、冷疗、按摩和瑜伽，为游客提供全面的身心健康体验。美国康养旅游发展的重点在于游客健康的日常生活方式。许多健康度假胜地提供了瑜伽、冥想、健康饮食和健身课程，吸引了寻求全面健康体验的游客。例如，黑莓牧场巧妙地融合了住宿、餐饮、休闲娱乐和康养元素，为游客提供了一站式的康养体验。在黑莓牧场，游客可以参加品酒节，享受美味的健康美食，参与农园种植和户外挑战活动，同时还可以在美国顶级的农庄 SPA 中享受各种疗法，从而实现身心的全面放松和养护。

（五）康养旅游机构建设

1. 国际组织与协会

全球范围内有多个组织和协会关注并促进康养旅游的发展，这些组织通常会举办会议、开展研讨会、发布行业报告、提供行业内认证和培训，以及建立标准和指导原则，以推动康养旅游的全球化和专业化发展。作为联合国的专门机构，世界旅游组织（UNWTO）提供关于旅游业的多方面数据，其中包括康养旅游的统计和趋势分析。他们的报告通常会探讨旅游业的可持续发展，这同样适用于康养旅游领域。国际康养旅游协会（International Wellness Tourism Association，IWTA）是一个专门针对康养旅游的行业组织，旨在提供教育资源、市场研究和网络建设等，支持康养旅游的各个方面。全球健康旅游委员会（Global Wellness Tourism Council，GWTC）是一个由全球健康旅游行业的领导者组成的集体，致力于支持和促进健康旅游的可持续发展。全球健康研究所（Global Wellness Institute，GWI）在其年度报告中，深入探讨了全球健康旅游行业的发展趋势、市场价值和消费者行为。国际医疗旅游协会（Medical Tourism Association，MTA）是一个国际性的非营利组织，致力于医疗旅游和全球医疗保健行业的发展，提供教育、认证和网络资源。世界卫生组织（World Health Organizatio，WHO）的报告和统计数据为康养旅游提供了基于健康的视角，如人们对健康生活方式的需求、非传染性疾病的预防等。国际温泉协会（International SPA Association，ISPA）聚焦于温泉和水疗行业，发布的研究报告和市场数据能够帮助了解康养旅游细分市场的最新发展。

2. 国家级机构与研究所

全球多个国家都重视康养旅游产业的发展，因此，很多国家都设立了相应的机构和研究所来推动康养旅游的发展。这些机构一般通过制定行业标准、提供认证、组织行业会议、出版市场研究报告以及提供会员网络和教育资源来推动康养旅游的发展。中国的康养旅游市场发展迅速，文化和旅游部会定期发布行业报告，提供政策支持和市场分析。中国健康促进基金会虽然不是直接专注于旅游，但它在推广健康生活方式方面发挥作用，这与康养旅游理念相符。各地区成立康养产业协会或联盟以推动当地康养旅游的发展，如海南康养旅游协会。其他国家，如日本、德国、瑞士等，也成立了类似的机构，这些机构都致力于促进各自国家康养旅游的发展。欧洲水疗协会（European Spas Association，ESPA）专注于欧洲水疗和康养产业的发展，它提供了一个用于交流最佳实践、市场趋势和科研成果的平台。美国健康与福利部门发布的健康数据和研究报告，虽然不专注于旅游，但会提供有关美国公众健康趋势和需求的宝贵信息，这些信息间接地影响着康养旅游业的发展。美国康养旅游协会（Wellness Tourism Association，WTA）为会员提供教育、促销以及网络构建的机会，以促进康养旅游的发展。日本以其温泉和独特的康养文化而闻名，日本国土交通省推广健康旅游和养生旅游，支持相关产业发展。澳大利亚自然医学协会（Australian Natural Therapists Association，ANTA）虽然不是专门的旅游机构，但该协会促进了澳大利亚自然疗法的实践，这与康养旅游的理念相吻合。

3. 学术研究机构

康养旅游的学术研究机构主要集中在高等教育院校的相关系所、专业研究中心，以及部分独立的研究机构中。这些机构进行的研究涵盖康养旅游的多个方面，如市场趋势分析、消费者行为研究、健康旅游产品开发、旅游医疗服务管理等。例如，康奈尔大学酒店管理学院酒店管理系的研究人员研究了康养旅游与酒店业务的融合。该学院曾经进行的一项研究专注于分析消费者对酒店健康和康养服务的需求，提供了行业内增加这类服务的商业论证。瑞士 EHL 酒店管理商学院的研究人员进行了关于康养旅游的案例研究，特别是研究了欧洲豪华酒店如何整合康养元素来吸引高端客户。该研究详细地考察了服务创新、客户满意度和运营效率之间的关系。澳大利亚格里菲斯大学旅游与酒店管理学院进行了康养旅游中有关文化影响的研究，特别关注了亚太地区的原住民旅游和康养实践。该研究揭示了如何通过与当地文化的结合来提供独特的康养旅游体验。美国密歇根州立大学的研究人员进行了有关北美自然治疗旅游目的地的案例研究，分析了自然环境如何对游客的身心健康产生积极影响，并讨论了如何在保护环境的同时发展康养旅游。这些学术机构和研究所通过不同的研究方法，如实地考察、问卷调查、深度访谈、案例研究等，来探讨康养旅游的各种问题和发展机遇。其研究成果不仅用于学术发表，也为政府决策、行业发展、服务创新等提供支持。随着康养旅游市场的持续扩张，相关的学术研究也会不断深化和扩展。

二、世界康养旅游发展的趋势

（一）绿色旅游与蓝色旅游的兴起

大自然是康养旅游发展的重要因素之一。人们寻求与自然亲近的机会，包括森林浴、疗愈的温泉浴和冥想在内的活动，以减轻压力和改善健康。自然疗法是一种注重自然环境对健康的正面影响的旅游形式。其中，最知名的是森林浴，它是一种在森林中缓慢漫步，深呼吸新鲜空气的自然疗法。绿色旅游侧重于可持续性和环保。游客在绿色旅游中积极体验当地的传统文化，并积极参与生态保护活动以减轻对环境造成的负担。绿色旅游目的地通常拥有丰富的生态景观和野生动植物资源，游客可以参与生态考察、登山、观鸟等活动，增进对自然的认识和尊重。研究表明，接触自然环境可以缓解压力、焦虑和抑郁，提高幸福感和创造力。因此，越来越多的康养度假胜地将自然疗法和绿色旅游纳入其服务范围。

随着全球对可持续旅游和康养旅游需求的增加，蓝色旅游和康养成为旅游业的一个重要细分市场，特别是在那些拥有丰富海洋和沿海资源的地区[3]。利用海滩、海洋和沿海地区开展休闲活动，强调自然生态系统的质量对吸引游客的重要性。这种类型的旅游高度依赖于自然生态系统的质量，以吸引寻求心理、身体和社交康养的游客。蓝色旅游不仅包括海上活动，如游泳、潜水和帆船，也包括海滩休闲和沿海地区的探索。旅游局将可持续性作为其目的地持久性和保护自然资源安全的关键策略。2021年全球海岸和海洋旅游市场估计为2.9万亿美元，预计从2022年到2030年将以5.7%的年复合增长率增长[4]。这反映了人们对于与自然互动、通过海洋和沿海活动实现康养目的的日益增长的兴趣。

（二）大数据引领健康产业发展

康养旅游业正在全球范围内迎来数字化和智能化的浪潮，大数据技术作为引领健康产业发展的重要引擎，在康养旅游领域发挥着关键作用。其中，生物黑客出现了一种以技术为特色的新趋势[5]。人工智能、脑机接口、无传感器传感、CRISPR、异种生物、纳米生物、益生菌、形态学、3D组织打印、云计算和区块链技术等超级技术使我们能够操纵分子、修改基因、管理微生物、创造活体机器人、再生身体部位、无缝监测和跟踪健康指标，并操纵我们的感官输入。人工智能将为地球上的每个人提供医疗保健，并且，人工智能驱动的生物反馈将实时控制我们的温度、压力、颜色、声音、气味和电磁输入，以创建增强现实游戏，带我们踏上个性化的治疗之旅。此外，纳米机器人、异种机器人和再生技术将使我们能够再生组织四肢或器官，或使用活组织进行身体装饰或新的生物功能。

神经科学和神经美学的进步证实，当感官结合在一起时，可以提升我们的人类体验[6]。感官一直存在于健康中，水疗是触觉，健康音乐是声音，色光疗法是色彩，健康的食物是味道，热是温度。从健康品牌到水疗中心再到零售商，研究人员正在尝试将光与声音、光与味觉等巧妙组合，以建立联系和更有意义的时刻。例如，在沙特阿拉伯，AIUIa 健康节策划了一场 360 度多感官活动，让游客在古老而迷人的环境中刺激和提升五种感官；而六善则与 mycoocoon 合作，打造联觉用餐体验，让客人能够享受色彩和声音，而在元宇宙中，数字感官正在成为现实，为视觉和听觉增添了气味和触觉。

（三）康养旅游市场扩展

康养旅游市场正迅速扩大，不仅覆盖了各年龄段的旅行者，还为不同的特定需求和兴趣提供了专门的旅行项目。从老年人到年轻人，从心理康复到身体康复，市场多样化程度持续增加，满足了广泛的健康和休闲需求。对于年长者来说，康养度假村和旅行项目提供了安全、舒适的环境，专门关注老年人的健康和福祉。瑞士以其高品质的医疗和养老设施而著称，吸引了许多国际退休者。一些瑞士村庄专门为老年人提供高质量的康养服务，包括医疗护理、文化活动和社交互动。与此同时，年轻一代也越来越关注健康和生活质量，开始寻求具有康养元素的旅行体验，如瑜伽度假、健康美食之旅和冥想假期。美国的康养夏令营专门为青少年提供身心健康的体验，这些夏令营通常包括户外冒险、体育运动、心理健康工作坊和营养教育。泰国以其宜人的气候和美丽的海滩而闻名，这里也成为全球瑜伽和冥想爱好者的胜地。日本的自然疗愈之旅强调大自然的治愈力量，游客可以参加森林浴、温泉疗法和农村体验，沉浸在宁静的自然环境中，以减轻压力、提高免疫系统和改善心理健康。无论是为老年人提供高品质的养老服务，还是为年轻人和青少年提供身心健康的夏令营，抑或是为瑜伽和冥想爱好者提供宁静的度假胜地，康养旅游市场不断创新，为全球旅行者提供各种各样的康养体验。

（四）长期康养与社区康养的崛起

长期康养旅游作为一种新兴趋势，正逐渐改变人们的旅行习惯。与传统短期度假不同，长期康养旅游意味着旅客在一个地方度过更长的时间，通常是数周甚至数月，以追求更深层次的健康和生活品质提升。这一趋势催生了全球范围内长期住宿和康养社区的迅猛发展，旨在为人们提供持续地康养体验，并将旅游融入日常生活中。社区康养是指建立在长期康养理念基础上的居住社区，旨在提供全面的康养服务，同时满足日常生活的需求。这些社区通常包括医疗护理、康复治疗、健康教育和社交互动等服务。在全球范围内，各地纷纷建立长期康养度假村和综合性康养社区，以满足不同人群的需求。这种发展趋势也推动了康养产业的创新，包括智能健康监测系统、个性化康复方案等，为人们提供了更好的康养体验，塑造了更健康、更幸福的生活。位于佛罗里达州的 The Villages 被认为是世界上最大的老年康养社区之一，这个社区拥有丰富的社交和康复活动，包括高尔夫球、游泳、舞蹈和文化活动。新西兰的 Golden Bay 康养度假社区是一个激发灵感的社区，这个社区致力于可持续生活、自然疗愈和创造性的文化活动。

三、康养旅游国际经验借鉴与建议

随着"十三五规划"推进，"健康中国"正式成为国家战略。国务院发布的《"健康中国 2030"规划纲要》指出，到 2030 年，中国的健康产业将达到 16 万亿元。Allied Market Research 报告数据显示，2020 年全球健康旅游市场规模为 8016 亿美元，预计到 2030 年将达到 15926 亿美元。康养旅游产业已经成为新常态下经济增长的重要引擎。

随着我国经济水平日益发展，人民对身体素质强化与精神健康提升的需求不断增强，庞大的人口基数与老龄化也为康养旅游提供了极具潜力的市场。近年来，新冠疫情作为公共卫生事件，严重影响了人们社会生活的各个方面，倒推了康养旅游市场的增长。康养旅游成为疫情常态化时期最重要的旅游类型和模式[7]，是新时期内外环境变化的必然趋势。中国康养旅游产业发展具有市场规模和发展潜力。然而，中国康养旅游产业在发展过程中，存在特色不明显、产业内生性差、资源利用不合理等问题，亟待学习国际先进经验以得到更好提升。本书在分析世界康养旅游发展的总体情况和趋势后，结合我国现状，提出了以下五点建议。

（一）开发两个市场，培育特色业态

国际在对康养旅游定义时，一般将"康养"的概念拆分，即"康"旅游（Medical Tourism）和"养"旅游（Wellness Tourism），二者侧重点不同。中国康养旅游产业发展需要从需求侧角度对康养旅游市场进行市场细分，顺应人们"治疗""预防"的大健康理念和生活趋势。基于健康消费全龄化结构已形成的现状，明确目标市场有利于科学、合理地规划设计康养项目。例如，德国重要的森林康养小镇巴登巴登（Baden-Baden），构建了以预防和保健为主、治疗为辅的康养体系，并为不同年龄段的旅游者打造了不同的休闲服务设施。明确的市场目标与个性化的康养旅游服务产品是其成功发展的基础。

从国际、国内两个市场角度来看，一是对国内康养旅游者的截流，二是对国际康养旅游者的吸引。例如，匈牙利肖普朗凭借着牙医产业的专业性和高性价比，发展成为世界著名的"牙科旅游小镇"，吸引着国内外的"牙科观光客"前往。构建具有吸引力的特色康养旅游目的地，一方面，依托区域自然与人文资源，积极推动康养旅游与农业、休闲观光、体育、医疗、养老的融合创新，开发多元化、系统化的"康养旅游共同体"；另一方面，整合上下游产业，大力发展高质量综合性医疗旅游、特色化专科性医疗旅游、社区化养生度假等旅游新模式，促进健康旅游新业态的出现和拓展，使其迸发出新的活力。

（二）因地制宜，提升产业内生性

国内各省份深度挖掘自身的资源优势，结合产业实际，因地制宜地选择不同的发展模式。一是资本驱动发展模式，即"地产＋康养旅游"，适合经济发达和消费能力较好的地区选择。康养地产模式是以旅游产业、休闲产业、健康产业及养老产业为基础，运用中国传统养生理念及方法，缓解养老问题的复合型房地产开发模式。康养地产模式又可以细分为康疗型、家居型、异地型、休闲型与立体化等类型。二是资源依托发展模式，即"旅游资源＋康养旅游"，是适合资源基础较好的地区选择的一种融合发展模式。在旅游地现有的丰富资源和良好的生态环境、文化氛围基础上，进一步进行养生保障基础设施的建设，将一、二、三产业融合互动，拓展产业范围、延伸产业链条，构建多元化盈利模式，打造休闲山庄、养生度假区、生态酒店等产品，形成生态养生大健康产业体系。三是健康产业驱动模式，适合健康产业基础好或文化自然资源不突出的地区选择，通过"健康产业＋旅游产业"的产业融合发展模式，发展中医康疗或现代医学。

不同发展模式的共同之处体现在全国各康养旅游目的地在实践中整合了地方优势与康养旅游，实现康养旅游与本土产业的创新发展，从而探索众多具有特色的可持续康养旅游发展道路。

（三）政策支持，完善资源保护机制

相比于医疗旅游，资源依托型旅游的全周期成本优势显著，本地资源利用率和社区参与度高，产业收入的经济漏损少，是符合民生理念的旅游形式，因此国家需出台相关政策对康养旅游的发展提供支持与引导。首先，对于自

然资源依托型康养旅游地，政府应完善资源保护机制，建立资源可持续利用与保护的互动机制，把握生态红线，控制开发的合理范围。避免交叉管理与多头管理的问题。挖掘生态及文化资源带来的经济附加值，将资源优势转变为经济价值。其次，积极探索发展康养旅游产业以实现生态资源保护的发展模式，发挥区域重要生态屏障的核心作用。最后，应与时俱进，不断创新康养旅游发展道路，掌握康养旅游发展的趋势，并融入康养旅游产品规划设计中，积极深化各类型的体验和不同需求。

无论是资源驱动还是资本或健康产业驱动的康养旅游发展模式，都需要由政府主导落实开发与保护规则，形成以"康""养"作为核心吸引物的主题活动空间。以政府引导开发与协调机制为准则，通过政策引导规范、人才项目引进、招商引资融资、基础设施完善和市场宣传推广等措施建立全方位运作体系，同时也要平衡、协调和处理好主客体利益关系，积极引导目的地居民参与到康养旅游开发的运营中来，为康养旅游发展打造良好的内外部环境。

（四）加大发展投入力度，数字化赋能经济发展

随着科技的快速发展，5G 技术、云计算、人工智能、物联网、大数据等新技术层出不穷，改变了康养旅游产业的供销方式。数字化赋能康养旅游产业发展，指的是通过打造数字基础设施、数字资源体系，在康养旅游发展的各要素环节上，充分发挥数字技术的创新驱动作用，建立数字安全屏障，推动康养旅游产业转型升级发展。一方面，数字化加快康养旅游产业发展，通过数字战略创新加快产业效能转化，利用数字技术创新催生新业态。通过数字资源创新加快产业平台聚合，推动数字资源跨层级、跨部门、跨地区高效配置。例如，英国康沃尔地区是英国农村数字化实践的典型案例。作为康养度假胜地，康沃尔实施了数字培训、社区数字中心和电子健康等数字化创新措施，探索互联网、机器人技术在健康和社会保健方面的最佳应用。另一方面，数字化提升康养旅游产品质量。通过使用数据信息、技术、基础设施精

准定位游客的产品需求，符合需求趋势。此外，新技术也广泛应用于医疗卫生领域，它不仅带来了新的诊疗模式，也不断提高了健康旅游的服务质量。例如，瑞士推出"IT+健康+旅游"的模式，实现了健康保障和健康管理的完美结合。

此外，数字化战略也为中国康养旅游的发展带来了巨大的机遇。康养旅游产业数字化应用仍有很大的提升空间，中国拥有庞大的数字产业，在全球数字经济发展指数国家排名中位于前列，是数字化实践的先行者。因此，数字化服务不仅可以提升服务质量，降低服务成本，还可以成为中国康养旅游产业追赶世界的超车通道。

（五）个性化多元化发展，打造康养旅游共同体

旅游要从单一的观光旅游转变为全域旅游、休闲旅游、沉浸式旅游、体验式旅游；康养旅游也要从简单的健康养生类旅游，转向休闲度假、运动康体、医疗保健、美容养颜等类型。此外，康养产业要以更广泛的概念吸纳各个年龄段的新客群。近年来，健康养生成为一个明显的消费热点。CBNData发布的《年轻人养生消费趋势报告》显示，目前90%以上的"90后"已经开始具有养生意识。年轻群体不断增强的自我健康意识使康养旅游需求多样、产业外延，需要个性化与多元化的发展进行补充。

康养不仅是一个产业，更是一种健康生活的理念。康养旅游强调的是达到全面舒畅身心的目的，因此应突破以往单独个体发展的模式，充分发挥核心康养产品的价值，挖掘相关目的地与目的地之间过渡地带资源的康养价值，将区域打造为产品丰富、服务健全、体系完整的"康养旅游共同体"，推进康养产业全面与可持续发展。

参考文献

［1］The Global Wellness Economy Reaches a Record \$5.6 Trillion—And It's Forecast to Hit \$8.5 Trillion by 2027［EB/OL］.（2023-11-20）［2023-11-18］. https://globalwellnessinstitute.org/press-room/press-releases/globalwellnesseconomymonitor2023/.

［2］Wellness Tourism Market Size［EB/OL］.［2023-11-18］. https://www.grandviewresearch . com / industry-analysis/wellness-tourism-market.

［3］Wellness + Water：Blue，Hot and Wild［EB/OL］.（2023-01-20）［2023-11-18］. https://www.globalwellnesssummit.com/wellness-water-blue-hot-and-wild/.

［4］Wellness Tourism Initiative Trends for 2023［EB/OL］.（2023-06-26）［2023-11-18］. https://globalwellnessinstitute.org/global-wellness-institute-blog/2023/06/26/wellness-tourism-initiative-trends-for-2023/.

［5］Wellness + Biohacking：The Wild，Wild West of Biohacking［EB/OL］.（2023-01-20）［2023-11-18］. https://www.globalwellnesssummit.com/wellness-biohacking-the-wild-wild-west-of-biohacking/.

［6］Wellness + Senses：Multisensory Integration［EB/OL］.（2023-01-20）［2023-11-18］. https://www.globalwellnesssummit.com/wellness-senses-multisensory-integration/.

［7］程云，殷杰.新冠肺炎疫情是否激发了康养旅游意愿？——一个条件过程模型的检验［J］.旅游学刊，2022，37（7）：119-132.

要素与业态发展报告篇

中国康养旅游发展政策解析

刘邦凡　孙雪航　李　兵　董宗健[①]

一、我国康养旅游政策的锚定选取

截至 2023 年 10 月 14 日，以"北大法宝"数据库为数据来源，以"康养旅游"为关键词进行标题内容检索，检索出政策文件共计 19 条（见表 1），其中，国家层面 2 条，地方层面 17 条，均现行有效，所检结果时间跨度为 2013 年 11 月 8 日至 2023 年 8 月 18 日，涉及行业标准、建设指南、评定细则、示范名单、建设建议、工作方案、发展规划等指导性文件共计 14 份，国家层面的发文单位主要为国家旅游局（已撤销），地方层面的发文机关涉及地方人民政府、中医药管理局、旅游发展厅、文化和旅游局、农业农村局、卫生健康委员会、民政局、财政局、乡村振兴局、市场监督管理局。依据当前所检数据资料进行分析，可将所检政策文件大致划分为四种类型：标准评定、建议指南、方案规划以及示范名单。

总体来看，据统计，四类政策法规公布数量相近，即我国康养旅游产业在政策法规指导方面实现了"认知—创造—评估"全过程的相对均衡；与此同时，就康养旅游各级政策法规的发文总量和发文机关来看，考虑到我国康养旅游产业的发展前景与建设复杂性，政策法规总体数量相对不足，发文机

---

① 刘邦凡，博士，教授，河北省公共政策评估研究中心博导；孙雪航，博士研究生，河北省公共政策评估研究中心；李兵，讲师，河北东方学院；董宗健，助教，河北东方学院。

关主体参与不均，容易导致政策法规对相关工作的指导能力和指挥质量受损，影响我国康养旅游产业的整体性发展。

表 1　我国康养旅游相关政策法规统计

序号	级别	发文日期	名称	发文机关	时效性
1	国家层面	2016.01.05	《国家绿色旅游示范基地》《国家蓝色旅游示范基地》《国家人文旅游示范基地》《国家康养旅游示范基地》	国家旅游局	现行有效
2	国家层面	2017.06.12	《国家温泉康养旅游》《旅游温泉水质卫生》	国家旅游局办公室	现行有效
3	地方规范性文件	2013.11.08	《攀枝花市人民政府办公室关于印发〈中国阳光康养旅游城市发展规划（2012—2020年）〉的通知》	攀枝花市人民政府办公室	现行有效
4	地方规范性文件	2016.05.25	《河北省中医药管理局关于组织参加首届中国（河北）国际康养旅游大会的通知》	河北省中医药管理局	现行有效
5	地方规范性文件	2017.11.01	《大新县人民政府办公室关于成立推进新能源康养旅游及特色种养项目工作领导小组的通知》	大新县人民政府	现行有效
6	地方工作文件	2019.12.04	《宁夏回族自治区文化和旅游厅关于申报2019年基于康养产业可持续发展能力评价体系的宁夏回族自治区康养旅游标准化研究课题项目的公告》	宁夏回族自治区文化和旅游厅	现行有效
7	地方工作文件	2020.03.20	《西藏自治区旅游发展厅关于印发〈西藏自治区康养旅游示范基地评定管理实施细则（试行）〉和〈西藏自治区绿色旅游示范基地评定管理实施细则（试行）〉的通知》	西藏自治区旅游发展厅	现行有效
8	地方工作文件	2020.06.08	《桂林市卫生健康委员会　桂林市民政局　桂林市财政局关于印发〈桂林市打造一流康养旅游品牌工作方案〉的通知》	桂林市卫生健康委员会、桂林市民政局、桂林市财政局	现行有效

序号	级别	发文日期	名称	发文机关	时效性
9	地方工作文件	2020.08.28	《青岛市文化和旅游局、青岛市卫生健康委员会关于组织申报山东省康养旅游示范基地暨评选青岛市康养旅游示范基地的通知》	青岛市文化和旅游局、青岛市卫生健康委员会	现行有效
10	地方工作文件	2020.12.23	《青岛市文化和旅游局　青岛市卫生健康委员会关于公布2020年度年"青岛市康养旅游基地"名单的通知》	青岛市文化和旅游局、青岛市卫生健康委员会	现行有效
11	地方工作文件	2021.04.22	《抚顺市农业农村局对市政协十三届四次会议〈关于将抚顺农村闲置宅基地打造成康养旅游目的地的建议〉的（150号提案）的答复》	抚顺市农业农村局	现行有效
12	地方工作文件	2021.11.29	《江西省人民政府办公厅关于推进康养旅游发展的意见》	江西省人民政府	现行有效
13	地方工作文件	2022.07.04	《伊春市人民政府办公室关于印发伊春市森林康养旅游专项规划（2022—2035年）的通知》	伊春市人民政府	现行有效
14	地方工作文件	2022.07.12	《河南省市场监督管理局关于批准发布〈乡村康养旅游示范村等级划分与评定〉等9项河南省地方标准的公告》	河南省市场监督管理局	现行有效
15	地方工作文件	2022.08.03	《黑龙江省文化和旅游厅关于印发〈黑龙江省康养旅游高质量发展行动方案（2022—2026年）〉的通知》	黑龙江省文化和旅游厅	现行有效
16	地方工作文件	2022.11.24	《河南省文化和旅游厅　河南省乡村振兴局关于认定全省首批乡村康养旅游示范村名单的通知》	河南省文化和旅游厅、河南省乡村振兴局	现行有效
17	地方工作文件	2022.11.24	《河南省文化和旅游厅　河南省乡村振兴局关于印发〈第二批全省乡村康养旅游示范村创建单位名单〉的通知》	河南省文化和旅游厅、河南省乡村振兴局	现行有效
18	地方工作文件	2023.02.21	《北京市文化和旅游局关于2022年北京市森林康养旅游示范基地名单的公告》	北京市文化和旅游局	现行有效

续表

序号	级别	发文日期	名称	发文机关	时效性
19	地方工作文件	2023.08.18	《湖南省中医药管理局关于印发〈湖南省中医药康养旅游省级示范体验基地建设指南（试行）〉的通知》	湖南省中医药管理局	现行有效

二、我国康养旅游政策的多维分析

首先，就标准评定方面，为了满足人们对健康幸福生活的追求，各地引导推动旅游和健康服务业的融合发展，丰富康养旅游内容，促进旅游业转型升级，改善旅游休闲环境，打造一批产业要素齐全、产业链条完备、公共服务完善的综合性康养旅游目的地。2016 年，国家旅游局制定并公布了《国家康养旅游示范基地》这一行业标准。《国家康养旅游示范基地》共划分为 7 个部分，分别为范围、规范性引用文件、术语和定义、必备条件、基本要求、康养旅游核心区基本要求以及康养旅游依托区基本要求，明确规定了康养旅游基地建设的必备条件、基本条件，并声明该行业标准适用于全国范围内康养旅游基地的建设。以《西藏自治区康养旅游示范基地评定管理实施细则（试行）》及附表《西藏自治区级康养旅游示范基地评定评分表》为例，《西藏自治区康养旅游示范基地评定管理实施细则（试行）》划分为 5 个部分，依次为总则、评定机构与证书标牌、评定专家库和评定人员、申请与评定、监督管理，明确规定了西藏自治区康养旅游基地以保护环境、维持生态平衡为前提，由康养旅游核心区和康养旅游依托区为构成主体，在积极响应国家行业建设标准的同时，强化评定工作实施质量，完善评估流程整体设计；附表《西藏自治区级康养旅游示范基地评定评分表》的制定公布，积极贯彻《国家康养旅游示范基地》行业标准要求，以基本条件（内含资质条件）、基地核心区依托区、旅游交通设施服务、旅游安全保障服务、信息咨询和便民服务、质量管理服务、自然资源及生态环境保护、创新特色项目八大模块对接国家行业标准要求，实现多元化、精细化、系统化标准设置，利于向省域、市域、县域等康养旅游行业地区标准制定提供经验借鉴。

其次，就建议指南方面，康养旅游发展必须明确坚持以下基本原则。一是坚持健康为本，服务大众。坚持把人民健康放在康养旅游优先发展的战略地位，为大众服务，全方位、全周期地保障人民群众日益增长的康养需求。二是坚持因地制宜，突出特色。各地根据资源禀赋、人文历史和经济水平，紧贴大众康养市场，科学定位康养旅游发展方向，明确发展目标和突破路径，突出康养旅游地域特色，坚持融合发展，共建共享。三是坚持康养与养老、旅游、文化、教育、体育等跨界融合，坚持合力推进，实现康养旅游设施互联互通，康养公共服务体系共建共享。四是坚持创新引领，市场主导。坚持市场导向，运用多学科多领域的新成果，加快推进技术创新、产品创新、管理创新、政策创新，推进康养旅游产业健康有序发展。以上有关康养旅游发展的基本原则充分显示出地方发展康养旅游产业的出发点、落脚点和着手点。此外，《湖南省中医药康养旅游省级示范体验基地建设指南（试行）》指出，建设中医药温泉康养旅游示范体验基地、中医药保健康养旅游示范体验基地、中医药田园康养旅游示范体验基地、中医药森林康养旅游示范体验基地、中医药旅居康养旅游示范体验基地、中医药人文康养旅游示范体验基地;《江西省人民政府办公厅关于推进康养旅游发展的意见》指出，构建江西特色康养旅游产业体系，全力发展中医药康养旅游产业、提升发展温泉康养旅游产业、持续发展森林康养旅游产业、加快发展避暑康养旅游产业、创新发展文化康养旅游产业、大力拓展运动康养旅游产业。湖南、江西两省的康养旅游指南意见充分体现出我国康养旅游发展的多元性，打破传统单一发展模式，衔接社会复杂康养需求，依托地域特色资源构建康养旅游产业聚集区、产业链。

再次，就方案规划方面，攀枝花市人民政府办公室于2013年11月最早印发《中国阳光康养旅游城市发展规划（2012—2020年）》，从时间上来看先于 2016 年 1 月国家旅游局（已撤销）发布的《国家康养旅游示范基地》这一行业标准。攀枝花市走在康养旅游发展的前列，然而，攀枝花市制定公布康养旅游发展规划的基础，在于其旅游业发展所取得的显著成绩，旅游业已成为当时攀枝花全市经济社会发展的后起之秀。与此同时，为充分发挥旅游业在保增长、扩内需、调结构等方面的积极作用，国务院已于 2009 年 12 月制定并公布《国务院关于加快发展旅游业的意见》，这为攀枝花旅游业进一步发展，即康养旅游产业创新发展提供了政策契机。由此可见，我国康养旅游发展在方案规划方面，整体依旧遵循"国家意见指导—地方创新现行—国家统筹标准—地方范围推广"的发展途径。通过对比《国家康养旅游示范基地》行业标准发布时间节点前后的城市康养旅游发展规划（2013 年公布的《中国阳光康养旅游城市发展规划（2012—2020 年）》和 2022 年公布的《伊春市森林康养旅游专项规划（2022—2035 年）》）发现，在规划期限划分方面，前者将规划期限划分为三个阶段：其中 2012—2013 年为规划与项目启动阶段，2013—2018 年为规划实施阶段，2018—2020 年为完善提升阶段。后者同样将规划划分为三期：初期（2022—2025 年）为夯实基础阶段；中期（2026—2030 年）为全面推进阶段；远期（2031—2035 年）为巩固提升阶段。由此可以看出现行康养旅游发展规划除继续坚持"三步走"战略外，打破早前过程效率主导划分标准，更加注重质量建设指标，从侧面显现出旅游业同样追寻高质量发展，高质量发展是我国建立现代经济体系的必由之路。

最后，就示范名单方面，关于康养旅游示范基地评选过程大致分为"申报—测评—公布"三部分。申报部分主要包括企业自主申报和单位推荐，且将符合评选资格的主体进行初步筛选；测评部分主要包括实地勘验、专家评审、上级核查、会议研究等；公示部分主要将过审单位以"康养旅游基地""康养旅游示范单位"等名义公布，且公布声明以联合主体公布为主要形式，涉及声明主体部门主要包括文化和旅游厅（局）、卫生健康委员会、乡村振兴局。由此可见，在国家旅游局公示《国家康养旅游示范基地》这一行业标准后，关于地方评审康养旅游示范基地等活动兼具过程合法性和结果合法性，这使康养旅游产业建设工作更具规范性和科学性。此外，依据河南省《乡村康养旅游示范村等级划分与评定》这一地方标准，就河南省文化和旅游厅、河南省乡村振兴局关于认定《全省首批乡村康养旅游示范村名单》以及河南省文化和旅游厅、河南省乡村振兴局关于认定《第二批全省乡村康养旅游示范村创建单位名单》所示数据来看，首批乡村康养旅游示范村名单包括40个村，第二批名单包含196个村（社区、委员会），示范村数量增加近四倍，由此可以看出该地区康养旅游产业发展情况趋于优良，从而映射我国康养旅游产业前景。

总的来说，经过十年时间的调整补充，我国康养旅游产业政策逐步完善，并对康养旅游产业的发展提供了显著的指导性帮助，助力了康养旅游产业的标准化、科学化、制度化建设，促进了康养旅游产业战略性发展、创新性发展、人文性发展、经济性发展，对促进我国文化和旅游产业高质量发展意义深远。

三、我国康养旅游政策的科研映射

结合康养旅游产业发展情况以及康养旅游指导政策印发现状，对学术界有关康养旅游的研究进行简要分析。以中国知网期刊数据库为数据来源，检索"康养旅游"为主题的北大核心和 CSSCI 期刊文献，我国学术界有关康养旅游研究的高质量文献发布情况（见图1），与我国行业标准《国家康养旅游示范基地》的公布日期存在时间关联，自 2016 年起以"康养旅游"为主题的高质量学术研究文献发表数量总体呈现上升趋势，因此可以得出，我国康养旅游理论研究与康养旅游产业发展存在明显的适配性，理论研究在某种程度上深刻反映并影响着我国康养旅游产业的发展，助力康养旅游政策规划以及指导康养旅游产业实践。

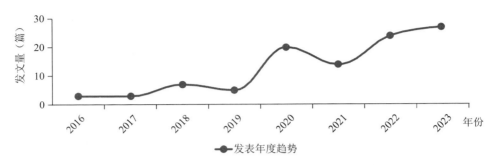

图 1　我国康养旅游相关高质量文献年度发文趋势

　　近年来，受顶层设计的推动、消费市场的刺激，全国各地正在积极发展健康旅游产业，建设康养旅游示范基地。但康养旅游作为旅游发展过程中产生的新的旅游形式，必须考量其"康养"特性，针对康养旅游服务需求和市场容量合理规划，坚持遵循旅游发展规律，分层次和成体系地科学打造，康养旅游产品应分为高、中、低端旅游产品。低端产品应以环境美化、自然观光、美丽乡村为主，打造"养眼"的观光系列基础产品；中端产品应以健康养生、运动康体等为主，打造"养身"的休闲系列重点产品；高端产品应以历史文化、少数民族文化、宗教文化等为主，打造"养心"的文化系列特色产品。总之，不能盲目追风建设，必须充分考量供需双方的实际情况，提前构思以下三个必须思考的问题：一是康养旅游的终极目标是游客获得幸福感，是要以良好的物候条件为基础的专项度假旅游，而非乡村旅游一般遍地开花；二是我国适合康养旅游的地域主要集中在云贵高原片区和秦岭以南片区，这还需进一步的科学论证；三是康养旅游的需求市场主要集中在老年人（银发市场）、亚健康人群和追求生活品质的人群[1]。

　　与此同时，针对康养旅游发展区域布局的问题，也有学者探讨了如何充分利用我国得天独厚的海岸线资源与产业链条，打造沿海康养旅游的国际线路，从而推动整个产业格局的创新发展。该学者以河北沿海城市秦皇岛为例，对我国沿海城市发展康养旅游提出了创新建议，即建议我国沿海城市在进行康养旅游的开发运营过程中，可以从产品开发及产业运营两个途径实现创新，以避免同质化竞争，赢得竞争优势。在产品开发方面，绝不能仅仅抓住滨海地区"游"的传统，而是要在此基础上，全面贯彻康养旅游以"养"为核心的理念，深入挖掘本区域独特的资源禀赋，据此设计出能切实满足游客调养身心的不同需求的新业态来赢得市场认可。在产业运营方面，营销上要注重发掘本地区其他特色产业的旅游外溢效应，通过产业融合推介产品，还要对目标市场进行准确划分，实施精准营销；同时，分别通过健全产业链条与整合内部资源来实现应对内外部竞争的新模式。最终，紧紧抓住"健康中国"与"一带一路"倡议所赋予的历史机遇，致力于采用创新式的理念与方法打造产业特色并进军国际市场，全面提升我国康养旅游产业的核心竞争力与可持续发展能力，将我国沿海地区建设成全球知名的康养旅游目的地[2]。

康养旅游的推广扩散伴随产生了丰富多样的康养旅游模式。其中，康养旅游特色小镇是康养旅游示范基地的具体表现形式之一。有学者就康养小镇建设进行探索性因子分析后得出如下结论：康养旅游小镇的软环境打造比硬设施建设更为重要；康养旅游具有社交属性，康养旅游者希望与亲友结伴而行并期待在旅途中扩大交际圈；康养旅游需求属于马斯洛需求层次理论中的高层次需求，康养旅游者希望在陌生的地方寻找熟悉感，满足"爱与归属""尊重""自我实现"的康养需求；康养旅游小镇需要基本的医疗技术设备作为支撑，与自然条件相结合的中医特色医疗及承担放松身心功能的娱乐休闲等设施不可缺少。据此，其研究结果给出针对康养旅游小镇发展的三条建议：第一，康养旅游特色小镇建设应客观选址，尊重市场需求，也就是要承认自然条件的决定性作用；第二，康养旅游特色小镇的设施建设应完善、适度，建筑设施要遵循因地制宜的原则，以不破坏当地生态环境为前提；第三，康养旅游特色小镇需要打造良好的养生氛围，构建融洽的社交环境[3]。这些建议与我国已有康养旅游政策所倡导的保护原有生态环境、因地制宜特色发展等原则不谋而合，不仅为康养旅游小镇的具体发展提供理论指导，更加充实了整个康养旅游研究范式，促进其理论研究的结构化与合理化。

随着康养旅游产业发展的持续深入，更多的服务形式需求也被提入议程。学术界以产业需求、现状为导向，对康养旅游研究日益增多的同时也逐步加强向国外优秀案例经验的借鉴与学习，其中包括尝试引入"森林康养"理论与康养旅游相结合，从而助力解决人居环境恶化等社会问题。该研究认为我国森林康养旅游产业的发展具有广阔的市场前景和深远的价值意义，建议应从六个方面逐步深入，分别是透析国际森林康养旅游发展的经验、探索森林开发与保护的平衡机制、探索森林康养旅游的作用机理、论证森林康养旅游的实证效果、加强森林康养旅游政策法规研究以及探索建立森林康养旅游基地指标体系。透过该研究表象可以发现，这些建议所主张的流程步骤与现行康养旅游政策法规的现状形成理论方面的抽象呼应，从而部分证实了研究森林康养旅游的可行性[4]。结合该森林康养旅游研究现状与涉及森林康养旅游政策，发现该领域分支的研究对康养旅游政策的制定以及实地产业的发展具有显著的参考价值。

截至目前，随着康养旅游产业发展模式的逐步成熟，在其助力"健康中国"战略满足消费者康养旅游需求的同时，也成功建立起相对稳定的盈利模式，给康养旅游承载地带来了可观的经济收入，从而促进了康养旅游产业链条的加速形成，并持续不断地进行补链、强链等相关工作，主要表现为依据地域特色发挥资源优势进行创新发展。首先需要明确，创新链是从原始创意到产品市场化的过程，产业链是生产要素依据生产过程的上下游关系和空间布局形成的关联形态，是创新成果的物质体现。因此，康养旅游发展要构建创新链条，围绕产业链部署创新链，在二者相互作用、彼此交织的共同努力下，提高地区康养旅游产业竞争力，实现可持续的高质量发展。然而，针对康养旅游产业创新发展而言，不仅仅是产业链的创新问题，还需要制度创新、人才创新、文化创新等各方面的创新，即需要全方位、各领域、全覆盖的系统性创新，具体来看包括医疗技术守正创新、产品业态原始创新、产业要素组合创新以及康养市场开放创新[5]。

与之相对应，由于康养旅游产业本身就涉及"康养""旅游"两大产业的融合，因此，随着产业链的形成以及创新链的发展，其对专业性人才的需求也达到一个新的高度，尤其是整个康养旅游人才链建设的需求。而搭建康养旅游人才链的关键就是人才供需问题的处理。而解决人才供需对接差距问题，不仅要根据康养旅游产业复合、多元等特点，找准康养旅游人才的基础定位，还要跟随产业发展的动态实况，与时俱进地思考康养旅游人才的丰富内涵，通过深化产教融合模式，对人才培养、引聚、价值沉淀等方面进行人才链建设的整体布局，以期达到人才供需长效平衡的状态。从系统论来看，跨学科交融理念更适合康养旅游人才的培养以及康养旅游人才链的建设。在高校与产业融合育人的实践中，跨学科交融理念的主要功用在于"育人"供给，同时给予"用人"规划建议，理顺人才链条的内外衔接。从跨学科交融理念角度明确我国康养旅游人才链建设原则，以融合、统筹为指导思想设置建设原则，坚持系统论参与下的整体性原则、联动性原则、开放性原则以及相对稳定原则。从具体来看，康养旅游市场要充分释放人才需求信号，营造良好的人才发展环境，联动高校进行人才联合培养，统筹优质教育资源，形成系统培训方案，强化学科交融发展，跨学科交融理念可帮助人才供需双方突破认知封锁，实现人才链的补链、强链建设，助力康养旅游产业的稳健发展[6]。总之，探索康养旅游产业人才链，建设可持续发展的路径，需着眼于思维方式的变化，突破研究领域藩篱，换角度论证事物之间的联系。借助系统论观点，并结合跨学科交融理念，对康养旅游产业人才链建设的参与主体、环节要素、资源整合等相关问题进行系统思考，将高校跨学科理念应用与人才链建设两个独立体系进行关联，分析论证其逻辑对应关系，从系统论观点中提炼人才链建设原则，以整体融合观创设人才链建设路径，构建具有系统功能特征的人才链建设运行机制。

参考文献

［1］任宣羽.康养旅游：内涵解析与发展路径［J］.旅游学刊，2016，31（11）：1-4.

［2］赵杨，孙秀亭.我国沿海地区康养旅游产业创新发展研究——以秦皇岛市为例［J］.城市发展研究，2020，27（6）：24-28.

［3］何莽.基于需求导向的康养旅游特色小镇建设研究［J］.北京联合大学学报（人文社会科学版），2017，15（2）：41-47.

［4］丛丽，张玉钧.对森林康养旅游科学性研究的思考［J］.旅游学刊，2016，31（11）：6-8.

［5］李钰.云南康养旅游产业链与创新链融合发展［J］.旅游学刊，2023，38（1）：11-14.

［6］林驰.康养旅游产业人才链建设的新思考——以系统论为视角［J］.社会科学家，2023（7）：54-59.

乡村康养旅居发展报告

侯满平　李贝贝　魏　荣　郭丽鹃　卢荣友[①]

　　乡村拥有良好的生态环境、张弛有序的生活节奏以及自然和谐的环境氛围，"乡村旅游＋康养"通过多姿多彩的旅游、生活、娱乐等方式，提高了健康生活的品质和幸福指数。近年来，热衷乡村旅游的"活力人"已不再满足于传统的康养旅游产品和康养模式，此类人群有着对休闲养生、丰富生活和涵养灵魂的高层次需求，康养旅居这一形式便应运而生。康养产业和旅居产业相互依存、相互结合，形成复合型产业，较为成功的是乡村康养旅居，也是未来旅游业振兴的新模式。乡村康养旅居是在健康理念的影响下，离开常住地选择到自然环境优美、文化气息浓厚等具有一定特色的乡村，融入当地生活，以追求回归自然、享受生命、修身养性、度假休闲、强身健体、治疗疾病、颐养天年的一种生活方式。

一、乡村康养旅居发展现状

1. 市场前景广阔

　　一方面，从大健康产业来看，随着"健康中国"上升为国家战略，各地

---

　　① 侯满平，博士，合作博导，河北东方学院教授，北京第二外国语学院中国文化和旅游产业研究院特聘研究员，研究方向为文化与旅游产业规划、乡村田园规划及"三农"领域等；李贝贝，助教，北京科技大学天津学院；魏荣，讲师，河北东方学院；郭丽鹃，讲师，博士，河北东方学院；卢荣友，博士研究生，河北东方学院。

纷纷出台相关支持政策以及加大投资力度，《"健康中国 2030"规划纲要》就提出，积极促进健康与养老、旅游、互联网、健身休闲、食品融合，催生健康新产业、新业态、新模式，大健康产业无疑是下一个"风口"。另一方面，从受众群体来看，我国老龄化人口不断增加，2019 年，据国家卫生健康委员会预计，到 2050 年我国 60 岁以上的老年人口将增长到近 5 亿；据权威机构研究表明，我国有 70% 的人群处于亚健康状态，心血管疾病死亡率高，占所有疾病死亡率的 23%，慢性病的死亡率也越来越高。在疫情之后，人们对生活品质有了新的认知，开始从被动式的治病救人向主动式的健康生活转变。

2. 相关产品不断调整升级

随着人们生活习惯的不断调整，注重环境卫生和健康生活方式的需求日益增加，与健康方向有关的文旅产品，如乡村田园游、森林生态游、康养运动游、亲子健康游、温泉康养、中医药康养游、周末近郊游、自然教育活动等的消费需求不断升级。在全龄追求乡村康养旅居的时代，催生出了一系列新业态，满足不同年龄层的康养需求，从年轻人亲近自然山水的运动养生，到中年人体验田园生活的休闲养生，再到老年人疗养中心的医疗养生等，康养旅居产业进入了高速发展阶段。

3. 与发达国家相比仍处于低水平

乡村康养旅居，是人们所追捧的一种时尚的、有品质的居住生活方式。但是相较于大健康产业已经发展十分成熟、产业结构多元化的美国来说，我国的乡村康养旅居发展还处于 1.0 时代，也就是说，与传统意义上乡村康养旅游并没有十分明显的区别，大部分只停留在了概念上，推出的产品和服务仍然侧重于作为一种休闲方式或者短暂的度假形式。从其表现形式来看，以乡村休闲民宿为主，另外，还有一些度假村、景区（点）的生态酒店等；从其时间层面来看，大概集中在一个月左右，旅居的时间较短，而理想的康养旅居则是一段持续性、融入性的生活体验，其时间远大于康养旅游的历程。

二、当前乡村康养旅居的特点

1. 乡村康养旅居的资源环境特点

乡村康养旅居有许多优良的乡村资源特征及特点，主要表现以下几个方面。

乡村之静，以静养生。享受天然生态的农业景观带来的无限美感，远离城市的喧嚣和快节奏生活，心灵回归到简单的本真，纵情于田野山水中，身心得到充分的放松和愉悦，尽情享受田园生活的宁静和自在。

新鲜空气，以气养生。呼吸好的空气，是养生的首要，空气质量的好坏与人的健康息息相关。乡村田园中有更多的绿色植物进行光合作用，生态环境质量更高，负氧离子含量更多，漫步于田野之中，呼吸着新鲜空气，身心畅快。

乡村劳作，以动养生。生命在于运动，适宜的运动是一种科学的养生休闲方式。现在的乡村旅居活动主要还是田园农事劳作，其主要强调体验性和适度参与性，以达到强身健体的目的。

乡村美食，以食养生。古语云："养生之道，莫先于食。"首先是饮食，乡村新鲜的、有机的食材，以及五谷杂粮，是健康的基本和保障；其次是甘甜的山泉，能洗血治病；最后是乡村饮食古朴的烹饪方式，为健康提供了营养保障。这就是乡村旅居的以食养生之道。

乡村文化，精神养生。到乡村旅居，感受乡村文化。乡村文化是农民通过千百年来的农业生产实践活动所创造出来的物质文化和精神文化，其内容丰富，包括日常食宿文化、乡俗仪式、乡村节庆文化、乡村艺术文化、农耕劳作文化等多个方面，其源远流长，并且渗透于日常生活的方方面面。乡村文化是农民思想感情的表达，也是其健康生活的重要因素，从古至今都是广大民众精神健康的支柱。乡村文化是乡村康养旅居的精神因素，即精神养生之要素。

乡村舒朗，心灵关怀。乡村生活节奏舒缓轻松，更适合人的自然成长需求。森林、草原等生态环境为人们的身心轻松、舒缓提供天然的背景，乡村田园及乡村食居可缓解精神上的紧张、恐惧甚至抑郁情绪，释放现代人的精神压力，从而提升生活质量。

2. 乡村康养旅居的地域性特点

我国幅员辽阔，不同的地区都有特殊的标志和名片。自然、生态、人文、历史、文化、传统、习俗等各个方面都独具特色，加之各地区社会经济等综合因素的影响，以及居民对美好生活质量的需求，都表明各地的乡村康养旅居特色各有不同。例如，云贵川等地以传统民族民俗文化为特色，北京以古村落及郊区农园为特色，海南以热带风情的农家乐为特色，东北以冰天雪地的雪乡及森林康养为特色，内蒙古以草原蒙古包风情为特色，河南以沟域生态环境为特色，华东地区（江西等）以特色茶果品及渔家为依托，新疆以当地风土风情为特色。总之，各地区都在依托当地特色资源发展乡村康养旅居产品。

3. 乡村康养旅居的产业发展特点

一方面，乡村康养旅居从乡村环境方面入手，在良好的生态环境和气候条件的基础上，融合乡村特色，如温泉资源、文化资源、长寿资源等，形成独具特色的乡村康养社区，或者通过植入特色资源与功能、开发养生度假、避暑度假等多种业态，打造乡村康养产业体系。另一方面，乡村康养旅居业态和产品均以健康产业为主体进行多元化开发，无论是田园生活、乡村度假，还是医养结合或养老型社区以及延伸出的休闲农业、健康食品、户外运动等，均以调节旅游者的身心健康、恢复身体机能为最终目标。

4. 乡村康养旅居的其他特点

乡村旅居的其他特点，包括旅居建筑物的形态、旅居的时间等方面。旅居建筑物近阶段主要以乡村休闲民宿为主，也有一些度假村、度假酒店及养生山吧等；旅居时间较短，以周末旅居为主，很少超过一个月。

三、乡村康养旅居发展存在的问题

1. 相关支撑配套设施不完善

当前，乡村康养旅居的开发多是在民宿或者乡村旅游景区的基础上进行更新换代、嫁接、添补，没有深层次挖掘乡村康养旅居的深刻内涵，因此，配套设施建设不完善是普遍存在的问题。乡村康养旅居需要康养资源、旅游资源以及地产资源的融合以提供健康保障、休闲娱乐、居住生活的软件和硬件条件。然而，在当前的产业开发过程中，相关的产品和服务内容并未完全满足游客康养旅居的需求。

2. 从业人员缺乏专业水准、服务意识较薄弱

人才是产业发展的核心。根据我国教育部人才设置目录，目前有关康养人才方面的专业还没有设置，与之相关的中医养生专业也才从 2018 年开始招生，健康服务与管理专业也是从 2016 年开始才增设，而具有健康养生和乡村旅游管理知识背景的复合型人才更是少之又少。因此，专业的人才培养迫在眉睫。此外，现有的从业人员由于对康养旅居的认识不足，甚至简单地将康养旅居等同于养老服务，而且主动服务意识薄弱，缺乏对相关设施设备以及产品的了解，不能更好地服务消费者。

3. 业态融合度不高

乡村旅游与健康养生的业态融合度不高，以居带旅、以居带养、居养结合、互动发展的模式尚未成型。膳食养生、医疗康养、运动康养及文化康养等相关产业的发展与旅居康养横向的融合不够充分，例如，康养食品的研发缺少从营养学的角度出发；医疗康养服务与医保政策并未联结，政府相关支持政策缺乏精准性；休闲体育产业虽然有了一定的发展基础，但运动康养开发项目的形式还较少，适用人群有限；文化康养目前还停留在文化陈展的表面层次，没有真正把文化元素融入养心疗神中。

四、乡村康养旅居模式的探讨

乡村康养模式多种多样，这里主要从资源环境、功能及行为方式三个方面来阐述。

（一）与资源环境相关的乡村康养旅居模式

1. 田园式康养旅居

随着乡村振兴战略的推进，农村地区的经济得到了很大程度的发展，基础设施建设逐步完善，为田园式康养旅居提供了良好的发展契机。该模式是一种以健康产业与田园度假旅游产业双轮驱动的区域综合开发模式，是基于一定的乡村田园文化旅游资源与土地基础，以农家乐、乡村田园景观、农事娱乐体验、特色乡村风情为依托，以游客休闲度假为目标的康养旅居产业模式。这一模式主要利用乡村与田园资源，以发展乡村休闲旅游的方式带动康养旅居，表现为以乡村民宿为主场景经营康养旅居业务。

2. 森林康养旅居

森林康养旅居，也可称作森林疗养旅居，是指综合考虑并利用森林资源优势地的气候、地形、空气质量、水资源、芳香气味、植物杀菌剂、绿色环境等要素，分档次、分级别地建设可供游客参与并体验的旅居设施设备，为游客提供康养旅居生活场所。随着"健康中国"战略的推进，森林康养因其特殊的治愈功效已成为健康产业重要的构成。目前，我国森林康养还处于发展初期，其整体业态发展还不够成熟，需要加强顶层设计及行业业态的系统构建及标准的制定，森林康养旅居产品还不能满足市场的巨大需求，尤其是满足不了疫情之后的强大刚需。

3. 温泉康养旅居

温泉康养旅居，也可称作温泉疗养旅居。温泉康养已成为当今许多人所崇尚的健康方式，我国温泉资源非常丰富，各地都建设有温泉疗养院，专为有此需求的人群服务。近年来在旅游行业快速发展及市场需求的双重推动下，温泉康养越来越流行，温泉康养旅居也成为流行的旅居方式。

温泉康养还具有明显的疗养功能。温泉可以改善血液循环，帮助人体排毒，温泉里的泥浴也可以提高免疫力，加速新陈代谢，消除肌肉紧张和压力，显著改善了身心的健康状态。此外，温泉还能减轻病痛，如类风湿、关节炎、坐骨神经痛等常见病症，由于其轻松、全面、舒适的身体按摩，可以有效缓解疼痛并改善健康状况。

4. 滨海康养旅居

滨海康养是一种综合开发模式。这一模式主要是利用滨海风景、气候、温泉、滨海游泳、滨海房地产、美食甚至是滨海城市而发展起来的康养旅居方式。我国海南省滨海康养旅居最为发达，全国都喜欢在海南滨海地区旅居。滨海康养旅居前景较大，但其对开发的综合条件要求较多。目前，我国滨海康养旅居的供应严重不足，有些沿海地区开发之后经营较差，没有形成成熟的供应市场，还需经历较长的发展过程。

5. 其他康养旅居

其他康养旅居方式包括沙漠康养旅居、湖滨康养旅居，甚至包括火山岩地貌环境康养旅居等具有某种特色的康养旅居方式。这些康养旅居方式各有特色，游客也都有各自的目的，有治疗健身目的，有好奇的目的，甚至有挑战自我心身的目的。

（二）与功能相关的乡村康养旅居模式

1. 休闲度假式康养旅居

休闲度假式康养旅居主要依托乡村环境，利用优美的乡村风光、清新的空气及优质的绿色生态空间，结合田园景观及乡村文化，为受众提供休闲度假服务，创造一种不同于城镇生活的亲近自然的开朗轻松愉悦的生活方式。

这种模式主要以休闲度假村的形式表现，以自然山水、森林氧吧、温泉洗浴、雪域草原、沙漠绿洲等为依托，以生态化、现代化的设施和优质享受型的服务为受众提供休闲度假生活，其属于高端的乡村休闲旅游形式，如成都国际乡村休闲度假区、北京 SOHO 长城脚下公社。

2. 疗养式康养旅居

一方面，以我国传统养生哲学为基础，依托中医药资源，与旅游的食、住、行、游、购、娱、厕、导、智、商、养、学、福、情、奇、文、体、农等市场需求对接，打造以医养生活保健服务为核心的旅游产品体系。另一方面，以食疗养生为核心，围绕我国丰富多彩的饮食文化，打造集养生药膳、素斋、绿色饮食、养生茶汤、地方养生膳食等多种食疗康养饮食于一体的美食康养服务模式。依托疗养与乡村旅游度假结合起来，配套完善机构和行政服务，形成以医疗为特色的区域开发模式，为体验者提供相对安静、生态、健康的度假方式，并提供较长时间居住的便利条件。

3. 禅修文化康养旅居

禅修生活将中国传统文化融入休闲生活中，以特色精神文化修养心身，为解脱现代人生活中的各种困惑和心理障碍，使人的精神生活更充实，使社会生活更和睦，从而达到智慧圆满的人生。禅修文化康养旅居在物质形态上要修建主题建筑，选择自然地貌环境，建筑材料要就地取材，可选用山石、木材、茅草等原生态自然材料，突出自然古朴与文化氛围。饮食方面以禅宴、禅茶与素食为主，甚至在中医指导下开发推出药膳，结合文化方面的短暂熏陶，如国学及典型音乐的学习与体验，实现调理身体、增强体魄及调节心绪，达到心灵超脱而又积极光明的生活状态。禅修文化康养旅居近来受到高端人士的追捧，前景较好。

（三）与行为方式相关的康养旅居模式

1. 候鸟式康养旅居模式

候鸟式康养旅居是我国发展较早的旅居模式，也是主要模式。它主要包括暖冬康养旅居、夏季避暑康养旅居以及景区康养旅居三种类型，依托气候变化、季节变化而选择在不同地域环境居住生活。暖冬康养旅居多以南方城市的冬季疗养基地受到游客的青睐；夏季避暑康养旅居多以北方海滨城市作为游客的首选；景区康养旅居多以山林、湖泊、温泉等自然生态资源形成组合式景区康养旅居模式。总体来说，候鸟式康养旅居模式季节性较强、环境优美、气候宜人，灵活性强，其受众比较固定，多以中老年人为主。

2. 临时型康养旅居模式

临时型康养旅居是与候鸟式康养旅居相对而论的旅居模式。临时型康养旅居就是利用短暂的周末或短长假、带薪休假等休闲假期无特定提前安排或预约的临时性外出寻找康养居所的行为。这一模式甚至带有冲动性色彩，也是人们追求高质量生活的隐藏于内心的长期未实现的需求，是其适机临时爆发的表现。这一模式选择的具体旅居内容是多样的，会因人而异。其受众人群多种多样，以中青年家庭的人群且以自驾出行为主。

五、未来乡村康养旅居的发展趋势

乡村康养旅居不只是单纯的资源堆砌，将大健康产业和乡村旅游资源以及度假结合到一起。因此，发展出特有的模式，打造独有的健康文化 IP，是乡村康养旅居需要考虑的问题。未来的乡村康养旅居必须要创新康养生活方式、输出一系列康养产品体系，并能够依托本地独特的康养文化、差异化康养资源因地制宜地打造健康生活基地，甚至通过构筑康养产业生态闭环，形成以特色医疗技术为内核的食、住、行、游、养、娱的一体化服务体系。此外，从受众群体来说，必须更加广泛，除了养老问题，还包括亚健康群体、各种职业病以及身体机能与心理健康等。

参考文献

［1］侯满平，张玉怀，李贝贝.民宿未来需走度假康养旅游之路［J］.住宅产业，2020（8）：77-80.

［2］傅萍.浅谈康养旅居运营模式［J］.中外企业家，2019（12）：215.

［3］王静波.基于共享理念的威海市康养旅居服务体系构建研究［D］.济南：山东师范大学，2022.

［4］刘雪松，龙岳林.乡村旅居康养产业形势分析及特色小镇建设构想［J］.中国农业综合开发，2022（4）：58-60.

［5］李贝贝.基于价值链理论的江西省虔心小镇康养农业发展路径研究［D］.天津：天津农学院，2022.

［6］武亚玲.张家口市旅居康养产业发展对策研究［D］.保定：河北大学，2022.

森林康养旅游发展报告

徐　峰　许美静[①]

森林康养旅游是结合森林环境的康养旅游方式，旨在为游客提供一个放松身心、恢复健康的环境[1]。近年来，随着人们对健康和休闲的需求增加，森林康养旅游得到了快速的发展。根据国家林业和草原局（以下简称国家林草局）的数据，到 2025 年，森林康养服务总人数预计将超过 6 亿人次。森林康养旅游不仅为游客提供了一个放松身心、促进健康的好去处[2-4]，还为当地经济带来了显著的收益。因此，作为一种新兴的健康旅游形式，森林康养旅游具有广阔的市场前景和重要的社会意义。2035 年，将建成覆盖全国的森林康养服务体系，国家森林康养基地 1200 处，并形成高素质的森林康养专业人才队伍。

一、森林康养旅游政策与标准

根据国家林草局的数据，"十三五"时期，我国森林旅游游客总量达到 75 亿人次，创造社会综合产值 6.8 万亿元，前四年的年均增长率达到 14.5%，游客量占国内旅游人数的比例上升到 30%。"十四五"期间，国务院发布《"十四五"旅游业发展规划》，森林康养旅游作为全域旅游的重要组成部分，

① 徐峰，中国农业大学园艺学院教授，博导，研究方向为园林康养与园艺疗法；许美静，中国农业大学园艺学院博士研究生，研究方向为园林康养与园艺疗法。

得到了国家的高度重视和推动，继续快速发展。目前，各省市都在政策、法规、科研等方面积极探索，并形成了一系列成果。

（一）管理机构

中国森林康养旅游的管理主要由国家林草局等部门负责，各级政府也设立了森林资源管理局、旅游景区管理局等专门的管理机构，负责监管森林康养旅游项目。此外，中国林业产业联合会森林康养分会、中国林学会等行业协会和组织也在推动森林园林康养旅游的规范化、标准化发展。相关组织、研究和教育机构的成立，有利于多方协同促进森林康养旅游产业的可持续发展。

2015年，中国林业产业联合会森林医学与健康促进会成立，这是国内首个开展森林康养工作的协会，并启动第一批全国森林康养试点建设单位申报工作。2017年，它更名为中国林业产业联合会森林康养促进会，并在2018年再次更名为中国林业产业联合会森林康养分会，以"支持森林康养项目、专业康养师培养，推行体系构建以及认证标准，促进产业融合，助力森林康养发展"为工作目标。

国家林业和草原局森林康养国家创新联盟于2018年成立，由7家科研院所、4所高校、38家企业和25家其他类型的单位组成，目标是提升森林康养旅游产业的核心竞争力。

2022年，由中国林学会申请、中国林学会森林疗养分会牵头的森林疗养与健康促进国家创新联盟获得了国家林草局科技司的批准筹建。

2023年，全国森林康养产教联盟暨产教融合共同体成立，为国家级、区域性、紧密型林草行业产教融合平台，由湖北生态工程职业技术学院与四川省玉屏山国家级森林康养基地牵头，61家森林康养企业、成员院校及相关企事业单位共同发起成立，目标是帮助职业学院相关专业学生在教育阶段明确目标，为康养产业源源不断地定向培养人才，促进职业教育和康养产业共同发展。

2023 年，鄂伦春自治旗乌力楞文化旅游投资有限公司、毕拉河达尔滨湖国家森林公园康养基地、毕拉河国家级自然保护区管理局扎文河自然教育基地、阿里河国家森林公园旅游有限责任公司在毕拉河达尔滨湖国家森林公园康养基地成立森林康养联盟，共同推进森林康养事业，深入探讨森林康养和森养融合创新发展的新趋势、新业态和前沿热点，共商相关产业高质量发展大计。培养专业型人才，满足森林康养产业发展的需求。发展各具优势的特色观光旅游、生态旅游、森林康养、森林人家、自然教育产业。

（二）政策与标准的制定

国家及地方政府高度重视森林康养旅游的发展，结合实际情况，统筹谋划，制定了一系列政策措施来推动森林康养旅游产业的发展。此外，各级政府还出台了一系列建设标准，以强化森林康养基地和行业发展的规范性。

1. 中央及地方政策文件

（1）中央政策文件

2021 年，《关于科学绿化的指导意见》《全国林下经济发展指南（2021—2030 年）》强调了对集中连片开展国土绿化、生态修复达到一定规模和预期目标的经营主体，可在符合国土空间规划的前提下，在依法办理用地审批和供地手续后，将一定的治理面积用于生态旅游、森林康养等相关产业开发，还提出加快发展森林康养产业等 5 个重点领域，为助力健康中国和乡村振兴战略、推进生态文明和美丽中国建设做出新的贡献。

2021 年，文化和旅游部发布的《"十四五"文化和旅游发展规划》明确提出，发展康养旅游，推动国家康养旅游示范基地建设。

2021 年，国家林草局等四部门联合印发《关于促进森林康养产业发展的意见》，提出了森林康养产业发展的总体要求、主要任务和保障措施，对森林康养涉及的财政、金融、用地、科技、人才等有关政策予以明确。

2022 年，国家林草局印发《林草产业发展规划（2021—2025 年）》，提出构建内涵丰富、特色鲜明、布局合理的森林康养产业体系，重点发展森林保健养生、康复疗养、健康养老、健康教育等业态。优化森林康养生态环境，加强森林康养环境监测，推进公共服务设施建设。创建一批森林康养基地，推广一批森林康养品牌。到 2025 年，森林康养服务总人数超过 6 亿人次。

2023 年，中央网信办、农业农村部、国家发展改革委、工业和信息化部、国家乡村振兴局五部委联合印发《2023 年数字乡村发展工作要点》，提出加快培育生态旅游、森林康养等基于互联网的新业态。

2023 年，全国关注森林活动组委会印发《全国三亿青少年进森林研学教育活动方案》，旨在通过小手拉大手，进一步唤起全民生态意识，凝聚起全社会建设生态文明的强大力量。

2023 年，中共中央办公厅、国务院办公厅印发《深化集体林权制度改革方案》，森林康养列入其中。

（2）地方政策文件

2021 年，湖北十堰市将森林康养产业纳入"十四五"文旅产业发展的重点，出台《十堰市森林康养旅游基地评定办法（试行）》。

2022 年，福建印发《关于建立健全生态产品价值实现机制的实施方案》，提出实施"旅游+""+旅游"战略，推动康旅、茶旅、农旅、渔旅等跨界融合，开发特色医疗、中医药养生、森林康养等健康旅游产品，打造一批康养旅游基地、生态旅游目的地。

2022 年，广东发布《广东省林业产业发展"十四五"规划》，提出将大力发展油茶、森林康养、自然教育等林业产业。

2022 年，广西发布《广西壮族自治区林业草原发展"十四五"规划》，提出生态旅游和森林康养产值要突破 3000 亿元，重点培育生态旅游和森林康养产业，林业生态旅游和森林康养工程列入十三大重大工程。广西壮族自治区林业局等十部门联合印发《关于加快推进森林康养产业发展的意见》，以建设壮美广西、健康广西、宜居康寿广西为统领，以构建森林康养产业体系、培育森林康养新业态、提升森林康养发展能力为重点，加快推进林业生态产业绿色发展，全面提升森林康养产业的发展质量和综合效益，为社会提供多层次、多种类、高质量的森林康养服务。

2022 年，贵州发布《贵州省森林康养发展规划（2021—2025 年）》，在全面分析贵州省森林康养的发展现状及存在问题的基础上，充分衔接《贵州省"十四五"林业草原保护发展规划》《贵州省"十四五"大健康产业发展规划》《贵州省"十四五"文化和旅游发展规划》等上位规划，制定了培育"健康贵州"新的增长极，为打造国内一流度假康养目的地作出了积极贡献的发展目标，树立了"森林康养，贵州乐享"的形象品牌，确立了"一核四区多节点"的空间布局，明确了"康养林建设、示范性项目建设、基础服务设施建设、能力体系建设及人才队伍建设"等重点建设任务，制定了森林康养与旅游、医药、养生、养老、药食、体育、教育、温泉等产品融合发展方案。

2022 年，海南发布《2022 年第 1 号总林长令》，要求全面贯彻习近平生态文明思想，科学发展生态旅游、森林康养、林下经济等。

2022 年，江西印发《江西现代林业产业示范省实施方案》，提出将大力推动生态优势转化为产业优势、竞争优势和发展优势，做优做强油茶、竹、家具、森林旅游与森林康养、林下经济等五大产业，加快构建现代林业产业体系，推动林业产业高质量发展。到 2025 年，全省林业产业总产值力争达到 7000 亿元以上，培育国家级林业重点龙头企业达到 80 家以上，国家林业产业示范园区超过 5 个。赣州市林业局、赣州市民政局、赣州市卫生健康委员会联合印发《关于促进赣州市森林康养产业发展的意见》，立足赣州实际，将赣州市森林康养产业发展与现代林业产业示范省建设、"三大战略、八大行动"战略、美丽赣州建设、打造粤港澳大湾区生态康养"后花园"等各项工作紧密结合，明确细化了推进森林康养基地建设、加强森林康养品牌建设、强化基础设施建设、发展"森林康养＋医疗"、发展"森林康养＋养老"、积极丰富森林康养内涵等重点工作任务内容。此外，江西省人民政府办公厅还印发了《关于推进林下经济高质量发展的意见》，持续推进"一区两带三圈"森林旅游发展产业布局，积极建立一批"乡村森林公园""森林康养基地"等，形成一批特色森林康养旅游线路，打造森林康养旅游示范性景区。

2022年，辽宁发布《辽宁省"十四五"林业草原发展规划的通知》，提出依托各地资源优势，按照资源利用型、林产品加工型、生态旅游型、森林康养型等主导发展方向，通过村集体经济带动、大户示范带动、家庭林场带动、打造地方特色品牌、改造升级等措施，促进林草产业优质高效发展，培育绿色产业示范基地。

2022年，四川巴中市印发《中共巴中市委　巴中市人民政府关于同意巴州区等5个县（区）县域内片区划分方案的批复》，提出森林康养成重要产业发展方向。

2022年，山西发布《山西省"十四五"文化旅游会展康养产业发展规划》，提出拟从森林康养、中医药康养等五个方面发力推动山西康养产业高质量发展。山西省人民政府办公厅印发《关于支持康养产业发展的意见》，提出做好做实康养产业规划，充分发挥太原都市核心圈和大同—朔州、长治—晋城2个康养产业片区资源优势，聚焦发展避暑康养温泉康养、森林康养、乡村康养、运动康养、中医药康养等康养业态。

2022年，陕西商洛市印发《国家级全域森林康养试点市建设实施方案》，提出紧紧围绕市委、市政府打造"中国康养之都"目标，利用好商洛青山、绿水、蓝天、气候等优势资源，突出保护和优化森林康养环境、完善康养基础设施、丰富康养产品、建设康养基地、繁荣康养文化、提高康养服务水平等六大重点工作，实施森林康养基地建设等"6+X"工程，向社会提供多层次、多种类、高质量的森林康养服务，奋力谱写商洛高质量发展新篇章。

2022年，云南发布《云南省"十四五"林草产业发展规划》，提出构建"一心、四带、十群"林草产业发展格局，建设茶马古道国家森林步道2000千米，在全省形成五大苗木生产区。到2025年，全省林草产业年总产值达到 4000 亿元以上，建设森林康养基地 200 个，年生态旅游人次达 1.1 亿人次。此外，2023 年，云南省文旅厅、省林草局印发《关于加快推进生态旅游与森林康养产业发展的若干措施》，就挖掘林草湿生态旅游和森林康养资源、培育生态旅游和森林康养经营主体、加强生态旅游和森林康养品牌打造等方面提出 15 条措施。

2. 标准完善

2020 年，《国家级森林康养基地标准》《国家级森林康养基地认定实施规则》《国家森林康养基地认定办法》《森林康养基地命名办法》四项标准发布，规定了国家级森林康养基地的必备条件和基本要求。

2021 年，湖北省宜昌市发布地方标准《森林康养基地建设规范》，规定了森林康养基地建设的术语和定义、总则、选址、分区、建设、管理保障体系，适用于宜昌市森林康养基地建设。

2022 年，中国风景园林学会成立了团体标准《园林康养师职业技能标准》的编制组，并召开了首次工作会议。

2022 年，浙江省市场监督管理局批准发布了地方标准《森林康养建设规范》，规定了森林康养建设的术语和定义、总体原则、森林氧吧建设、森林康养基地建设和森林康养城镇建设，适用于森林氧吧、森林康养基地和森林康养城镇建设。

2023 年，团体标准《全域森林康养建设规范》发布，填补了国内针对地方政府发展全域森林康养产业缺少指导标准的空白，为推动各地党委政府切实推动全域森林康养产业提供了有益指导。

相关政策、行业标准强化了森林康养行业发展的规范性及标准性，是森林康养旅游发展质量的技术保障，也是技术和经济能力的综合反映。通过制定政策、标准引导行业的发展方向，引发行业的重新定位，鼓励和引导相关企业参与，打造品牌，提高森林康养旅游的市场认同度和知名度。

二、森林康养旅游实践

（一）科学研究

高校、研究院建立的研究中心以及形成的科研成果，促进了森林康养循证研究的深化，进而推动了森林康养科研、实践的协同发展。近几年，在国家政策的引导下，森林康养旅游研究成为学术热点，国家、省市级相关研究课题百余项，论文发表数量上升迅速。研究内容主要涉及开发策略和路径、评价指标体系和开发潜力评价、产品和模式、游客森林康养旅游意愿、森林康养实证效果、森林康养旅游基地建设和森林康养设计等方面，而其他方面研究还在积极探索中。

1. 开发策略和路径研究

就市场定位、国际交流、人才培养、平衡保护、宣传教育以及完善法规等方面进行分析，阐明了发展中遇到的问题，并对未来发展提出建议。基于供给侧结构性改革这一国家战略下推进森林康养产业发展的新角度与思路，从产业融合视角出发，对森林康养产业与生态、养老融合模式进行研究。此外，福建、贵州、浙江、海南等多地，针对自身森林康养发展现状提出了发展路径[5-6]。

2. 评价指标体系和开发潜力评价研究

从市场需求、资源环境、基地建设适宜性、选址、发展规划、设施建设、开发潜力等角度对京津冀、辽东、广西等地区的森林康养基地进行评价[7-9]，这为国内森林康养旅游的建设发展提供了重要理论依据。

3. 产品和模式研究

相关研究分析了森林康养旅游产品的特点与优势，提出了融合、有序、可持续以及规范性发展的路径，即结合不同森林康养模式的特点，研讨森林康养课程的制定、设计和实施。

4. 游客森林康养旅游意愿研究

根据游客对森林康养基地的消费意愿、消费需求展开调查，对影响游客对森林康养基地消费意愿的因素进行分析[12-14]，提出森林康养旅游的公众认知度、情感、森林康养环境可以显著提高公众对森林康养的行为意向，并提出传播森林康养知识、推动森林康养培育、培养森林康养专业技术人员和增强森林康养产品吸引力等增强人们参与森林康养旅游意愿的建议。

5. 森林康养实证效果研究

对森林康养中温湿度、负离子等环境因子指标或森林康养活动中人体生理、心理指标的前后变化进行测试和分析[15-18]，研究表明：森林环境对人的身体健康及情绪恢复等都具有一定的促进作用，这为森林康养实践提供了理论和技术的支持。

6. 森林康养旅游基地建设研究

基于基地的环境因子、空间特征、森林资源评价以及发展影响因素等分析[19]，对基地的定位、建设适宜性、认证标准、规划设计、康养路径设计及改建对策等进行了研究。

7. 森林康养设计研究

森林康养旅游的设计主要包括景观设计、设施设计、活动设计等方面[20-21]。在景观设计方面，注重保护和利用森林资源，打造具有生态、文化、休闲等多重功能的景区；在设施设计方面，注重提供舒适、安全、便利的住宿、餐饮、交通等服务；在活动设计方面，注重丰富游客的体验，开展各类康养活动，如森林瑜伽、养生讲座等。

（二）人才培养

1. 专业人才培训

2021 年 12 月 16 日，"中国绿色金融高级研修班暨森林康养金融研讨班"

推动金融资本和森林康养深度融合发展。

2022 年 9 月 27 日，人力资源和社会保障部批准森林园林康养师作为新增职业岗位正式纳入《中华人民共和国职业分类大典》。森林园林康养师是指从事森林或园林康养方案设计、环境评估和场所选择、康养服务、效果评估、咨询指导的服务人员，其下设森林康养师、园林康养师 2 个工种。

森林康养师培训班以培养具有森林疗养和森林体验专业理论技能与实践经验的人才为目标，已开展到第十五期。2022 年，广西省、福建省开展森林康养师培训班；江西省开展全省森林康养培训班；西北片区在秦岭国家植物园举行第八届森林疗养师实操培训；陕西省开展森林康养师及自然教育培训；贵州省举办"全省森林康养健康管理培训会"；湖南省生态旅游与森林康养发展建设培训班暨森林康养发展论坛于湘潭市举办。2023 年，第三期全国森林康养基地自然教育师培训班于福建鼓岭旅游度假区举行；福建省三明市举办森林康养线上线下培训班；贵州省为助推森林康养与自然教育产业发展，举办森林康养及自然教育业务培训班；贵州省铜仁市森林康养产业发展专题培训班在北京林业大学举办；清河旅游分公司在妈妈顶宾馆开展森林康养旅游培训班；生态旅游和森林康养产业发展培训班暨工作专班会议在桂林市兴安县举办；商南县森林康养技能培训班在城关商会举办；将乐县举办全域森林康养课程设计及人才培训班；中国森林疗养师持证上岗暨森林疗养师颁证仪式在云南腾冲成功举办。

2. 专业教育

2021 年 3 月，教育部印发《职业教育专业目录（2021 年）》，将原"森林生态旅游"专业更名为"森林生态旅游与康养"专业。截至 2023 年 6 月 13 日，湖南环境生物职业技术学院、湖北生态工程专业技术学院、温州科技职业学院、伊春职业学院、云南林业职业技术学院、江西环境工程职业学院等一批院校陆续开设了"森林生态旅游与康养"专业，培养了一批行业专业人才。

2023 年 6 月，教育部会同国家发展改革委、工业和信息化部、财政部、人力资源社会保障部，印发《普通高等教育学科专业设置调整优化改革方案》，就调整优化高等教育学科专业设置工作做出部署安排。要求加快新农科建设，服务国家生态系统治理、乡村建设等战略需求，以及森林康养、绿色低碳等新产业、新业态发展，开设"智慧耕地""乡村规划设计"等重点领域紧缺专业。

2023年8月，中国林业产业联合会森林康养分会、森林康养国家创新联盟组织开发的系列培训教材之一——《森林康养植物》正式由华中科技大学出版社出版。它是国内首本以森林康养植物作为主题的基础研究专著。

3. 论坛会议

森林康养旅游学术热度不断上升，无论是国家层面，还是地方层面，都召开了多次重要学术、产业发展会议，以加强交流、沟通、合作。

（1）全国性会议

"森林康养·中国之道"主题论坛（2021）向世界传递了中国生态文明建设理念，向全球推介了贵州丰富、独特、具有优势的森林康养资源，同时搭建了政、产、学、研交流对话的平台，有力推动了森林康养做大做优做强，助推健康中国和乡村振兴战略的实施。

中国林场协会2021森林康养年会进行了森林康养工作报告，并认定了42家会员林场为"森林康养林场"。

海峡两岸老年人运动森林康养交流会（2022）以提升两岸老年人对康养及治未病的知识、增进两岸老年人的交流为目标，扩大对海峡两岸老年人健康的关注度，共促两岸康养事业的发展。

第六届中国森林康养产业发展大会（2023）围绕森林康养与健康中国、乡村振兴、民生福祉、两山转化、双碳目标、林业改革等核心主题展开交流，包括抚州森林康养产业博览会、主旨报告、签约仪式等内容，并发布《全国森林康养高质量发展行动方案》《森林康养师宣言》等成果。

第一期全国森林康养基地特色疗法考察研修营暨标准化建设现场会

（2023）立足玉屏山国家森林康养基地资源禀赋，从基地建设与运营经验剖析、立项与规划设计要点、疗法体系建设、森林康养与自然教育服务课程开发设计等方面，结合主题课程和主题考察进行深入研讨，明晰发展思路和实施路径。

第八届"美丽中国·深呼吸小城"文化节暨首届秦岭康养旅游发展论坛（2023）在陕西商洛市丹凤县成功举办，指出森林疗养与党和国家倡导的"健康中国"号召相契合，以实际行动践行"两山理论"和"乡村振兴"，是增强公众和全民族健康与福祉的重要手段，是振兴和发展林业的重要抓手和措施。

首届康养产业创新发展论坛（2023）在湖南长沙举办，并成立康养产业创新发展平台。百余位各领域康养产业的专家和学者围绕"融合创新·智慧康养"主题开展研讨，"森林疗养"模式成为康养新模式。

国家林业和草原局森林康养国家创新联盟、中国林业产业联合会森林康养分会与伊利诺伊大学芝加哥分校（UIC）合作会谈（2023）围绕着推动森林康养国际化品牌建设、国际森林康养会议举办、森林康养课题研究、国际森林康养产业考察调研、森林康养高级人才培养等方面展开了深入研讨，初步达成合作意向。

首届中国长白山森林康养论坛（2023）以"保护长白山、康养全世界"为主题，并发布了《中国森林康养长白山宣言》。

第六届"一带一路"中医药发展论坛（2023）展示了中林国控实业集团有限公司及下属全资子公司金达生物医药集团有限公司在"大森林＋大医药"战略上的具体模式和成果。

第二届科学与大健康高端论坛（2023）以"科普、理性、融合、传播"为主题，就"林业大健康产业与食药同源"的主题进行了广泛交流，并分享了我国森林疗养的理念、模式和现状等。

国际森林康养学术交流大会（2023）在神农架林区举行，全国百余名行业专家、高校教授、名企名医围绕"生态文明建设——森林康养"主题，分享经验、碰撞智慧，共谋绿色发展之道。

（2）地区性会议

贵州省第十三届人民代表大会第五次会议（2022）将"实施森林康养步道提升工程"写入 2022 年贵州省"十件民生实事"。贵州省森林康养步道提升工程100千米实施方案编制培训会（2022）围绕申报项目市（州）、县（区）的建设内容逐一进行讨论明确，培训了森林康养步道、森林康养浴场、森林康养服务解说系统等内容。贵州省森林康养基地建设座谈会（2022）要求，各市（州）、县（市、区）林业主管部门高度重视贵州 2022 年"十件民生实事"——实施森林康养步道提升工程 100 千米项目建设，进一步压实责任，加强监督指导，确保按时完成建设任务和资金兑现，同时要加强对历年康养项目监管，确保资金发挥应有的效益。

黑龙江省文旅康养市场创新与高质量发展论坛（2022）促进了黑龙江省康养旅游的创新与高质量发展，同时促进了高校康养旅游学科建设、人才培养和科研为本省康养旅游发展服务。

湖北省森林康养经验交流与学术研讨会（2022）围绕森林康养产业发展的方向和定位，共同探讨森林康养新业态和高质量发展之路，为地方政府决策提供了参考。首届中国野三关高山森林康养论坛（2022）全方位剖析湖北省康养市场形势，解读森林康养体系建设标准，为全省森林康养产业高质量发展凝聚共识、建言献策。

山东省菏泽市召开总林长会议（2022），总结回顾了全市 2021 年林长制工作情况，部署推进2022年林长制重点工作，提出要建设一批森林康养基地。

山西省五寨夏季康养峰会暨中医药文化研讨会（2022）就森林康养、中医药康养旅游顶层设计、康养投资、中医药产业发展等方面进行了深入交流，并由中国林业产业联合会森林康养分会为五寨县五寨沟颁发了"国家级森林康养试点建设基地"牌匾。

浙江省温州市森林生态旅游与康养产业发展研讨座谈会（2022）围绕森

林生态旅游产业发展展开热烈研讨，指出今后要提升打造温州十大森林康养基地。

长三角·安徽森林康养产业发展论坛（2023）就森林康养产业发展形势、森林康养产业发展实践与思考、森林康养高质量发展、森林康养研究视角探析、竹林文旅康养融合创新等五个专题展开讨论，并为首批安徽省自然教育基地授牌。

广西壮族自治区第四届广西森林康养产业发展论坛（2023）为广西森林康养产业发展把脉方向、出谋划策。

河北省森林康养生活发布会（2023）向公众展示了河北省林栖谷森林康养生活的规划与发展，解读森林康养生活的新趋势，并在此传递健康理念，分享幸福生活。

海南省首届森林康养五指山论坛（2023）以"森养融合 创新发展"为主题，围绕生态文明建设背景下绿色高质量发展、"两山"理念实现路径、国家公园保护与发展机制创新、五指山热带雨林森林气候环境与健康价值、德国日本森林康养启示等方面展开交流和研讨。论坛还举行了森林康养五指山会议举办地合作签约仪式、五指山森林康养产学研基地合作签约仪式、中国医者马拉松五指山站揭牌仪式。

吉林省全省旅游产业高质量发展推进会（2023）正式发布《吉林省旅游万亿级产业攻坚行动方案》，以林草资源推动吉林省旅游产业高质量发展，推动各级森林旅游发展规划或实施方案与各级国土空间规划的衔接，为森林休闲旅游康养产业重点工程、项目落地实施提供政策保障。

青海省互助县首届森林康养论坛（2023）以"北山森林享康养，生态氧吧沁养生"为主题，进一步明确互助县森林康养产业发展的方向和路径，切实让广大人民群众共享森林康养产业发展及生态文明成果。

陕西省商洛市举办全市森林康养产业发展专题培训会议（2023），旨在积极推动商洛市建设成为"全域森林康养"示范之城，并与中国林业产业联合会森林康养分会签署了《关于加快推进商洛市全域森林康养试点市建设合作协议书》。陕西省丹凤县全域森林康养产业发展工作座谈会（2023）介绍了丹凤县森林康养工作的开展情况和存在问题及全国森林康养产业的发展情况，并就丹凤县发展全域森林康养产业提出了有关建议。安康市生态旅游产业链月调度会（2023）对安康全市森林康养工作进行专题安排部署，同期举办森林康养专题培训会并授课。

四川省第三届中医药森林康养大会（2023）积极推进中医药森林康养产业创新发展，鼓励中医药、农业、健康、养老等产业进入森林康养产业，实现产业多元化、多节点、新格局发展。中国·四川（巴中）宜居宜业和美乡村建设发展大会"发展森林康养促进乡村振兴"主题交流活动（2023）为巴中加快发展森林康养产业、促进乡村振兴把脉支招、集智聚力。

4. 主题活动

2022 年，福建农林大学林学院森林康养环境心理学研究室开展森林康养与自然教育专项服务实践；贵州省遵义市鳛创区举办"旅居鳛部·共享 21℃夏天"森林康养健身跑活动；黑龙江举办"亲近自然·快乐六一"东北虎保护自然教育实践活动；陕西省开展"关注森林 热爱自然"自然教育示范活动；云南省普洱市林草局开展"保护生物多样性、共建生态文明、推进森林康养产业发展、享受绿色生活"主题教育活动。

2023 年，安徽省池州市开展"绿色中国行——走进生态池州暨长三角森林旅游康养宣传推介活动"；江西省赣州市崇义县委办工会举办森林康养步道健步走活动；大黄山（焉支山）森林康养基地举办"自然森呼吸 健康林距离"体验推广活动；广西玉林市北流大容山国家森林公园内举行"与你同享 玉见美好"森林康养之旅活动。

（三）基地建设

各地在积极推进森林康养基地建设，根据《关于开展国家森林康养基地建设工作的通知》，到 2035 年，预计建成覆盖全国的森林康养服务体系，建设国家森林康养基地 1200 处。多地森林康养发展实践如雨后春笋般蓬勃展开，向社会提供了多层次、多种类、高质量的森林康养服务，一些森林康养基地相继建成投产、实现效益。

2021 年，中国林业产业联合会在全国范围内开展了国家级森林康养试点建设单位的认定工作。根据中国林业产业联合会发布数据，截至 2022 年年底，中国已有 96 家国家森林康养基地及 1499 家国家级森林康养试点建设单位。

2022 年，安徽省认定首批 19 个省级特色林业高质量发展示范园，发展森林康养等六大产业。到 2025 年，安徽将力争建成省级特色林业高质量发展示范园 100 个。

2022 年，福建省国有林场发展中心、福建省林业调查规划院等单位承担的"两岸森林康养标准共通试点"成功入选两岸标准共通试点项目，这是林业系统标准首次入选两岸标准共通试点的项目。2023 年，福建省依托丰富的森林资源和良好的生态环境，积极扶持森林康养产业发展，目前全省已创建省级森林养生城市 4 个、省级森林康养小镇 10 个、省级森林康养基地 42 个。

2022 年，贵州省将"实施森林康养步道提升工程 100 千米"列入全省十件民生实事之一。截至 2023 年 10 月，贵州全省已经完成森林康养步道提升建设 237 千米。2023 年 4 月，黔西南布依族苗族自治州已打造森林康养试点基地 10 个，民宿 124 家，兴义市万峰林森林康养试点基地等森林康养景点建设已初具雏形。

2022 年，甘肃省清水县精心打造国家级森林康养试点县，充分发挥清水生态资源优势，结合不同地域资源禀赋，在南北两山打造 6 个生态功能疗养区，聚力推进康养及大健康产业发展。

2022 年，山西省开展农林文旅康产业融合试点，到 2025 年，将创建农林文旅康产业融合基地 50 处以上，农林文旅康产业年营业收入达到 25 亿元以上，带动 5 万农村人口增收。陵川县充分利用境内丰富的文旅康养资源优势，通过"六养融合"，将一、二、三产业与康养产业有机融合，以打造太行板块王莽岭大景区为龙头，以太行一号旅游公路为纽带，主打"围棋源地、避暑胜地、养生天堂、太行山水"四大特色品牌，全力打造全国康养产业样板县。

2023 年，陕西咸阳市林业局为认真落实市委、市政府为民生办实事要求，扎实推进"三个年"活动深入开展，在实地踏查的基础上，正式对外发布了全市首批 9 条森林康养步道线路。

三、森林康养旅游未来发展模式与路径

（一）未来发展模式

1."农旅融合"的乡村康养模式

城镇化进程的推进促进经济发展的同时，也使农村原有的农耕文化和田园文明逐步式微，传统农业亟待变革。乡村振兴战略为产业融合指明了方向，在此背景下，"农旅融合"的乡村康养模式应运而生[22]。乡村康养模式融合第一、第三产业，依托乡村得天独厚的自然环境和独具特色的乡土风情，基于"健康""怀旧"的宗旨，以"乡村、田园、生态"为主题，以农家、农事、农活为主要内容，突出"慢生活"特征，感受"旅居农趣"的生活，既解决了游客的"城市病"，达到康养的目的，又深度发掘了乡村农业的多重功能，促进了乡村经济的可持续发展。

2."林旅融合"的森林康养模式

森林康养是从国外引进的发展林业经济的理念，我国山体众多，森林覆盖率高，蕴含高浓度负离子，具有发展森林康养的先决条件。"林旅融合"的森林康养模式是融合旅游业、林业和健康服务业等相关产业而成的新业态，它以丰富多彩的森林景观、优良的森林自然环境、特色鲜明的生态文化以及绿色安全的森林食品为核心资源，并配备相应的康体、养生、休闲、医疗、

保健等服务设施，开发森林浴、森林氧吧、森林瑜伽、森林禅修、森林养生步道、养生馆等项目，满足了现代人"养身、养心、养性"的康养旅游需求。此外，在森林康养旅游开发中，还应该注意保护与开发并重，科学利用森林资源，保持森林环境的原生态。

3."医旅融合"的医疗康养模式

游客为恢复身体健康，专门前往那些拥有较高水平医疗机构的旅游景区、城市或国家，进行医疗治疗、度假及休闲，这就是"医旅融合"的医疗康养模式。这种模式的旅游目的地所依托的核心资源为高端医疗，主要针对老年客群和亚健康人群。我国可建设医养结合的康养基地、康养小镇等，弘扬"治未病"理念，将中国丰富的中医药资源、民族医药疗法与福寿文化相结合，开发中医药健康保健旅游、森林氧吧康体疗养、滨海度假疗养和温泉康体疗养等项目，打造具有延年益寿、强身健体、养生保健等特点的康养旅游产品[23]。

4."体旅融合"的运动康养模式

运动休闲在国民生活中得到普及，人民群众的运动休闲需求日益高涨，各种运动 App、直播健身、城市马拉松、运动越野赛等活动受到追捧，为旅游与体育的融合发展奠定了基础。"体旅融合"的运动康养模式依托山地、峡谷、水体等自然旅游资源，开发了山地运动、水上运动、户外拓展、户外露营、极限运动、探险旅游等运动康养旅游产品，传递了健康的生活理念，并推动了体育运动、体育赛事与旅游、健康、养老等业态的深度融合，以体助旅，以旅兴体。

5."文旅融合"的文化康养模式

中国的养生文化由来已久，祖辈们一直探寻健康、养生及长寿的秘诀，如中药养生、茶养生、温泉疗养等。"文旅融合"的文化康养模式秉承"以文养心"的理念，吸引游客前往一些拥有特殊文化资源的旅游景区、城市或国家进行疗养、度假及休闲。中国文化资源丰富、历史底蕴深厚，文化是旅游的灵魂，文化康养是康养产业的一种重要方式，依托佛教文化、道教文化、中医药文化、饮食文化等，开发一批内涵丰富，可体验、可传播的康养文旅产品，通过文化熏陶和心灵陶冶对游客的思想、信仰、价值观念等精神层面进行养护，达到从养身到养心的层次递进。

（二）未来发展路径

1. 响应要点，做好康养旅游全局性规划

康养旅游是贯彻"健康中国"战略的具体实践，受到国家和各级政府的高度重视。康养旅游要积极响应政策要点，抓住政策机遇，突出规划的引领作用，提前布局和谋划，强化自身优势，抢占发展先机，抢夺优质客源。康养旅游围绕其主题目标和核心竞争力，紧扣生态、拉高标杆、凸显特色，明确战略定位，创新康养模式，建设有生活、有文化、有旅游、有灵魂的特色康养项目。

2. 找准基点，统筹推进康养多基地建设

康养旅游涉及养老、养生、旅游、医疗、卫生、公共服务等多方面，需要许多配套产业共同发展。政府要发挥主导作用，科学规划，统一部署，夯实基础，全力保障康养旅游项目建设，完善康养旅游相关设施，统筹推进康养多基地建设。同时，政府要制定规范的康养旅游服务标准和监管体系，完善基地建设等级标准，细化考核办法，建设独特的康养项目，实现差异化错位发展，避免低水平重复建设和同质化竞争内耗。

3. 定好支点，打造康养旅游闭合产业链

康养旅游产业融合了旅游和康养两大产业，为实现优势最大化，需要找出两大产业的共通之处，发现最佳契合点，并着眼于旅游者现阶段的实际旅游需求，按照"全龄化服务、全业态覆盖、全链条发展、全过程运营"的产业发展模式，将旅游消费力与康养产业效应高度嫁接，打造康养旅游闭合产业链，促进农林文旅康一体化发展，养生、美食、民宿、休闲多业态共生共荣，形成宜居、宜业、宜游、宜养的可持续发展康养产业样板典范[24]。

4.提炼特点，构建康养多元化产品体系

康养不等于养老，随着市场消费需求的精细化，除了老年群体，以医疗康复为目的的疾病人群、以养生保健为目的的中青年人群、以美容美体为目的的健身人群、追求高质量服务的妇孕婴幼人群，也成为康养产业新兴的消费群体。因此，在开发康养旅游产品时，应将视野放宽放远，将格局做大做强，着眼于服务人们的全生命周期，着眼多层次、多样化和多维度的需求，努力拓展产业的包容性和延伸性，培育出适合不同阶层、不同年龄段群体的康养旅游产品体系。

5.凸显卖点，开展双线全方位网络营销

目前，多地都在积极开发康养旅游项目，将康养旅游看作助推文旅业复苏、促进产业转型升级、优化产业结构的新途径，因此深挖康养资源文化内涵、打造特色康养旅游项目、塑造康养旅游品牌对各地康养旅游的发展尤为重要。在宣传营销方面，应积极开展线上线下双线并举的全方位网络营销，除采用与相关企业合作、举办大型宣传活动等传统营销方式外，可以借助信息技术开展网络营销，发挥互联网、新媒体、融媒体在营销中的重要作用，多途径、多层次地普及康养知识，扩大康养产品的知名度和美誉度。

6.培育智点，促进康养旅游可持续发展

康养人力资源是康养产业的基础。要制定康养人力资源培养长效机制，对相关高校及学生提供系列激励政策，支持高校和职业学校增设护理师、营养师、康复师等康养服务类专业，开展订单式培养。同时，建立健全从业人员培养和继续教育制度。鼓励各类企业、社会组织和个人参与康养产业人才培养，建立康养人才培训基地，采取阶梯式培养模式，培养全产业链条从设计层到执行层各层级人才队伍，为康养产业提供全方位的人力资源保障。

参考文献

［1］杨洁，王宗标，俞益武.森林康养基地规划中健康觉的形成途径——以重庆四面山花

小原项目为例［J］.规划师，2021，37（9）：41-46.

［2］宋晨，李悦，张亚京，等.森林疗法对疲劳状态职业女性心理健康的改善效果［J］.环境与职业医学，2022，39（2）：168-173.

［3］D. C R，R. L L，Silvia C，et al. Forest therapy can prevent and treat depression：Evidence from meta-analyses［J］. Urban Forestry & Urban Greening，2021，57.

［4］Jaeyoon H，Sujin P，Miyeong A. Are Forest healing programs useful in promoting children's emotional welfare? The Interpersonal relationships of children in foster care［J］. Urban Forestry & Urban Greening，2021，59.

［5］郑胜男，徐祥明.森林康养研究进展综述［J］.四川林业科技，2023（3）：32-38.

［6］姚建勇，张文凤.贵州大生态背景下森林康养模式与路径探索［J］.林业资源管理，2021（5）：27-32.

［7］周如意，王丽，杨正大，等.基于 Meta 整合与模糊综合评价的森林康养指标体系构建［J］.浙江农林大学学报，2023，40（5）：921-929.

［8］刘楠，魏云洁，郑姚闽，等.北京市森林康养旅游空间适宜性评价［J］.地理科学进展，2023，42（8）：1573-1586.

［9］江绪旺，俞书涵，李益辉，等.适老疗愈型森林康养基地评价研究［J］.林业资源管理，2023（3）：71-79.

［10］王世超，刘红位，李甜江，等.滇西北森林温泉康养模式研究［J］.西部林业科学，2020，49（2）：160-164.

［11］刘浏，顾倩颖，张斯琦，等.基于 INPD-AHP 的听觉统合失调儿童森林康养产品设计研究［J］.包装工程，2023，44（8）：132-139，152.

［12］刘丽佳，田洋，刘思羽，等.森林康养基地服务的消费者需求类型研究——基于卡诺模型及顾客满意度与不满意度系数分析［J］.林业经济，2021，43（4）：83-96.

［13］周彬，刘思怡，虞虎，等.森林康养旅游感知利益对游客消费意愿的影响研究——以浙江省四明山为例［J］.山地学报，2023，41（3）：422-434.

［14］李英，韩强，安颖.城市居民森林康养意愿的影响因素［J］.东北林业大学学报，2020，48（12）：70-74.

［15］宋晨，李悦，张亚京，等.森林疗法对疲劳状态职业女性心理健康的改善效果［J］.环境与职业医学，2022，39（2）：168-173.

［16］邓芙蓉，李晨.森林疗养与人群健康［J］.环境与职业医学，2022，39（1）：1-3.

［17］耿藤瑜，傅红，曾雅婕，等.森林康养游憩者场所感知与健康效益评估关系研究——以成都龙泉山城市森林公园为例［J］.林业经济，2021，43（3）：21-36.

［18］王政，杨霞.森林康养空间分布特征及其影响因素研究——以四川森林康养基地为

例［J］.林业资源管理，2020（2）：146-153.

［19］谢一帆，熊伟，秦光远.中国森林康养基地供给产品的特征分析——基于77家森林康养基地的调查［J］.林产工业，2021，58（9）：84-90.

［20］程兵兵，纪维钧，林立，等.蓝绿健康视角下的龙潭溪滨水森林康养带规划设计［J］.世界林业研究，2023，36（4）：148.

［21］颜美玲，张玲，唐高争.基于森林康养理念的城市公园规划设计［J］.世界林业研究，2023，36（2）：146.

［22］谢晓红，郭倩，吴玉鸣.我国区域性特色小镇康养旅游模式研究［J］.生态经济，2018，34（9）：150-154.

［23］王丽.大健康视域下康养旅游发展模式和路径探析［J］.产业创新研究，2022（19）：133-135.

［24］陈雪钧，李丽.共享经济下康养旅游产业创新发展模式研究［J］.企业经济，2021（12）：152-159.

滨海康养旅游发展报告

王　欣　　陈姝敏　　庞跃霞 [①]

　　海洋是地球上最广阔的水体的总称，总面积达到了约 3.6 亿平方千米，占地球表面积的七成，能够对天气和气候产生巨大影响。同时海洋中拥有超过 13 亿的水量，占地球总水量的 97%，是地球上非常重要的资源。有研究表明海水中的多种盐类可促进身体新陈代谢，海浪拍击身体所产生的冲击力能够提升心肺功能。除此以外，沙滩浴可以增强人体酶的活性，提升人体中枢神经系统，防治自主神经系统紊乱，因此"海洋疗法"受到了人们的广泛关注。同时，滨海地区气候宜人，拥有独特的海洋景观与生态圈，对人的心灵也具有疗愈功效。

　　党的十八大报告中提出要提高海洋资源开发能力，发展海洋经济，建设海洋强国。建设海洋强国需要发展海洋旅游，而康养是海洋旅游中不可或缺的元素，发展滨海康养旅游不仅能拉动海洋经济，还能够提升居民健康素养与幸福感，实现海洋资源共享。

　　① 王欣，博士，北京第二外国语学院旅游科学学院教授，中国文化和旅游产业研究院副院长，研究方向为文化旅游和旅游目的地管理；陈姝敏，北京第二外国语学院旅游科学学院硕士研究生，研究方向为文化旅游和遗产旅游；庞跃霞，硕士，北京第二外国语学院中国文化和旅游产业研究院助理研究员。

一、滨海康养旅游发展现状与主要问题

（一）滨海康养旅游发展现状

1. 滨海康养旅游资源丰富且种类多样

我国的领海面积约为 38 万平方千米，海洋国土面积约为 300 万平方千米，海岸线总长度为 3.2 万千米，其中大陆海岸线为 1.8 万千米，岛屿海岸线为 1.4 万千米。除此以外，我国的临海省级行政区共有 12 个，分别是辽宁省、河北省、天津市、山东省、江苏省、上海市、浙江省、福建省、广东省、海南省、广西壮族自治区以及台湾地区，大陆沿海城市共有 56 个。

我国拥有渤海、黄海、东海和南海四大海域，且海岸地貌地形种类丰富，海湾和海岬是我国海岸带的主要地形，沿海及海洋岛屿多达 6500 余个，不同的海岸地貌以及不同纬度都会形成独特的海岸景观和优美的海滨风貌。

2. 滨海地区多为经济发达地区，康养旅游基础较好

我国滨海地区历来是人口聚集、经济发达的地区，56 座大陆沿海城市的面积虽然只占全国总面积的 13.6%，但人口却占到了全国的 41%，国民生产值则占全国的 60%。海洋给予了这些城市独特的地理位置与交通优势，因此这些城市经济发展较内陆城市通常更快、更好。而发达的经济使这些城市拥有更为完善的城市基础设施、更为先进的服务意识、更高的消费水平以及更为普及的公众康养意识，也就是说，发达的经济使这些城市拥有更为广阔的康养旅游市场。因此，康养旅游在这些沿海城市的发展基础相对更加扎实，发展阻碍更少。

3. 滨海康养旅游需求日益增加，发展空间广阔

根据《中国发展报告 2020：中国人口老龄化的发展趋势和政策》，至 2050 年，我国 60 岁及以上的老年人口预计将达到 5 亿，比例将超过总人口的

三分之一，而 65 岁及以上的老年人口将达到 3.8 亿，我国的人口老龄化将达到高峰阶段。因此，如何发挥"银发经济"，同时为老年人口提供更好的服务是未来社会将面临的挑战与机遇。

除老年市场外，受到三年疫情的影响，人们开始越发关注自身健康问题，希望通过康养旅游、度假等方式放松身心、强身健体，因此各年龄段的游客对康养旅游的需求日益增加。而滨海旅游一直受到各年龄段游客的欢迎，在滨海旅游中加入康养元素也符合海洋本身对人体的疗愈功效，因此滨海康养旅游未来将成为中国康养新"蓝海"。目前，国内的滨海康养产业仍处于初级发展阶段，尚未形成品牌化、规模化的滨海康养产业集群，具有广阔的发展空间。

（二）滨海康养旅游发展中的主要问题

1. 滨海康养旅游资源利用率不高且开发方式仍处于初级阶段

由于国民康养意识普遍较低，我国的滨海康养旅游发展起步较晚，目前滨海康养旅游资源的利用率不高，与陆地资源相比，丰富的海洋资源利用率相对较低且未得到广泛重视。滨海康养旅游的开发方式也仍处于初级阶段，尚未形成成熟的滨海康养旅游产品体系。虽然海洋中的康养元素极其丰富，但在滨海旅游产品开发过程中康养元素之间的融合度相对较低，同样，当地的康养产品也普遍缺乏海洋与地方特色，导致整体康养发展方向过于单一，没有形成差异性与互补性。

2. 海洋文化未在滨海康养旅游产品中得到充分体现

事实上许多研究证明文化能够在一定程度上疗愈疲于现实生活的人们的心灵。商业化运营与对文化康养效果的忽视，导致滨海康养旅游中的海洋文化未得到充分挖掘。目前，许多滨海康养旅游产品仍依赖于医疗技术，而缺乏深厚的滨海康养文化底蕴。相较于陆地文化而言，海洋文化更加崇尚力量与自由，具有开放性、兼容性、冒险性与开拓性，具有非常鲜明的海洋特色。然而，目前市场上能够体现海洋文化与滨海康养文化的滨海康养产品稀少，无法使游客在体验滨海康养旅游产品时在精神层面得到疗愈效果，获得精神愉悦。

3. 滨海康养配套设施不完善

虽然沿海地区城市经济相对较为发达，但由于过去人们康养意识普遍不高，康养产业起步较晚，因此滨海旅游基础设施与康养配套设施尚未完善。其中，旅游基础设施包括饭店、旅游交通与文化娱乐和各种体育、疗养设施，滨海康养配套设施则包括医疗设施、康养项目等。目前，许多滨海旅游目的地已具备了较为完善的住宿设施与交通设施条件，但整体旅游项目仍以休闲度假为主，专业的滨海康养配套设施相对较少，高端医疗与特色医疗相对匮乏。除此以外，在大数据时代背景下，滨海康养信息技术基础设施有待加强，传统康养旅游中缺乏智能化元素，数字化滨海康养旅游建设仍处于初级阶段。

4. 海洋资源开发与保护之间的矛盾尚未解决

海洋资源是滨海康养旅游发展的基础，但同时，海洋资源也十分脆弱。受限于资源权属界定混乱、权责界限模糊、资源过度保护等问题使目前海洋资源在旅游产业中并未得到充分利用。虽然旅游产业被誉为"绿色产业"，但旅游发展过程中所带来的人流量对海岸及海洋资源造成的污染或伤害是不可避免的。因此，如何在以保护海洋资源为原则的基础上充分和利用开发滨海康养旅游产品是我们仍然面临的困境。

5. 普遍缺乏支柱型龙头大项目

康养项目一般前期投入较大、回报周期较长，这导致目前许多滨海康养旅游目的地中的康养项目规模整体偏小，带动能力不足，承载能力和条件设施与人们日益增长的康养需求相比存在较大差距。许多企业与个人参与投资热情不高，缺乏具有品牌效益与实力强的龙头项目，无法起到带动效应，形成产业集群。

6. 滨海康养人才队伍紧缺

当前康养产业各领域专业人才相对匮乏，人才引进工作难度较大。目前从事滨海康养产业的人员主要以旅游工作人员、医疗工作人员以及各类临时工组成，专业的康养人才相对较少。同时，现有的工作人员普遍缺乏专业技术基础且专业素养相对较低，无法完全满足滨海康养旅游者对于高品质、个性化的康养产品的需求。

二、国内滨海康养发展模式分析——以秦皇岛市北戴河区为例

北戴河区隶属于河北省秦皇岛市，东、南临渤海，海岸线全长 23 千米，是中国四大避暑地之一，先后被评为首批国家全域旅游示范区、2020 中国避暑名县、第五批国家慢性病综合防控示范区与 2021 年度国家级健康促进县等荣誉称号，同时也是国家生命健康产业创新示范区和国家康复辅具产业创新基地。北戴河旅游度假区也入选了新一批国家级旅游度假区，是中国滨海康养胜地。"京畿海岸、康养胜地"，北戴河区依托着海洋、森林、湿地等生态资源，全力打造康养产业发展的一片热土。本节将通过以下四个方面来分析北戴河滨海康养旅游发展模式。

（一）转型升级，传统康养地走可持续发展道路

北戴河区的康养产业依托其丰富的生态与海洋资源优势，兴起于清末时期，经历了民国、建国初期与改革开放等多个时期的发展历程，逐渐成长为在世界上享有盛名、在远东罕有其匹、位列中国四大避暑区之一的旅游胜地。然而，北戴河区的康养产业也面临着体制机制陈旧、设施设备普遍老化和产品创新负担沉重等问题，康养产业转型升级是北戴河区实现可持续发展、激活经济跨越发展的新引擎。

近年来，北戴河区坚持改革创新发展，把握时代机遇，先后设立北戴河生命健康产业创新示范区和国家康复辅具产业创新基地，借势京津冀协同发

展，不断加强基础设施建设、完善产业链条、构建产业体系，实现"两核三片"整体功能布局，打造高端康养产业聚集区。同时深入实施"生态先行"战略，大刀阔斧更新岸线设施，并积极引入新生力量，打造"康养+"产业融合发展体系，不断探索实践新发展理念和模式，以实现北戴河区康养产业的可持续发展。

（二）康养胜地，构建特色康养产业体系

北戴河的地理位置十分优越，作为京津冀地区闻名遐迩的滨海康养旅游度假目的地，北戴河的疗休养产业发展相对较为完善，拥有众多康养产业项目与相对完善的医疗体系。截至 2020 年年底，北戴河区共有 7 家民办养老服务机构、众多企业培训疗养机构，在医疗方面拥有二级综合性医院，建立了国家级健康产业园区——北戴河生命健康产业创新示范区，同时与北京、天津等多家一流医院达成深度合作。其中已有 12 家国内外顶尖医疗机构入驻了北戴河生命健康产业创新示范区内的北戴河生命科学园，北戴河区正着力打造"医药养健游"五位一体、健康服务业和健康制造业齐头并进的产业发展格局[1]。

在《北戴河区康养产业发展"十四五"规划》中提到要以高端旅居养老为主要转型方向，加快高端医疗产业建设，将特色医疗、亚健康治疗与医疗美容等作为主攻方向，打造特色鲜明的医疗服务体系和高端产业链条[2]。同时进行"培疗机构改革"，将原有的培训疗养机构转型为高端养老服务设施，瞄准京津冀高端需求群体，打造燕山康复养老综合体项目、税总戴河家园养老项目等康养产业项目。

此外，北戴河区还大力发展养生产业，中医药产业与民间养生蓬勃发展，拓展中医药健康产业服务，举办大型中医药养生论坛，吸引全国健康养生专家参与，扩大北戴河中医药产业的影响力[3]。

（三）文化名城，构建文旅"大康养"发展模式

北戴河区以康养产业为核心，坚持纵向专业深耕与横向平台拓展相结合，推进"康养+"产业深度融合发展，构建文旅"大康养"发展模式。北戴河区将康养与旅游、文化、农业、体育以及研学等产业融合，形成了"康养＋旅游""康养＋文化"等产业形式。其中，北戴河区依托自身丰富的历史文化、中医药文化与海洋文化等载体，开发文化养生产业发展方向，促进康养与文化形成资源共享、短板互补的发展格局。

北戴河区的历史文化底蕴十分深厚，拥有秦始皇行宫遗址、近代别墅等20多处国家级重点文物保护单位，且民间养生文化的发展也十分悠久。北戴河区充分挖掘秦始皇求仙问药的养生文化，促进秦皇文化与康养文化有机融合，同时推动中医药、太极等养生产业可持续发展，将康养理念融入非物质文化遗产的开发与利用中。

（四）数字助力，建设智慧康养旅游

北戴河区的智慧康养旅游建设稳步推进，先后完成了智慧旅游服务中心中枢管理平台、高清监控三级互联网络、智能化游客服务中心与智慧旅游系统等智慧服务平台建设，并且依托大数据建立了旅游网络口碑评价体系，给游客带来了舒适便利的智慧康养旅游体验。

三、国外滨海康养旅游开发经验借鉴——以墨西哥坎昆市为例

坎昆市位于加勒比海北部、墨西哥尤卡坦半岛东北端，以加勒比的阳光、渐变海洋、白玉沙滩与玛雅古城而闻名。坎昆市从加勒比海的一座小渔村发展成为世界著名的滨海康养旅游城市，离不开墨西哥政府对旅游产业的重视

与努力。

20 世纪 60 年代，墨西哥政府制定了《国家旅游战略发展规划》，从国家层面强调了旅游发展的重要性。坎昆市政府对坎昆旅游度假区进行了整体规划，建立了全方位的交通体系并吸引了各类投资商实现滚动开发。1975 年，坎昆市开始正式接待游客，年接待量达到了 10 万人次。短短几十年，坎昆实现了旅游经济的繁荣与城市的飞速发展。因此，坎昆市滨海旅游的成功以及康养产业的快速发展为国内滨海康养旅游发展提供了学习经验，本节将通过分析坎昆市滨海康养旅游模式来探究未来国内滨海康养旅游的发展路径。

（一）精准定位，科学规划，灵活开发

坎昆市能够从人口仅有 300 人的小渔村发展成为国际最佳春假目的地的百万级旅游大城市，离不开其得天独厚的自然条件，但如果没有墨西哥政府对坎昆旅游的精准定位和科学规划也无法发挥其最大效用。20 世纪 60 年代，墨西哥制定《国家旅游战略发展规划》，将坎昆市定位为自然与人文相融的滨海度假旅游目的地，并对坎昆市进行了整体的旅游规划，将其分为酒店区、机场区、保护区和居住区四大功能区，坚持自然保护原则，实施区域隔离措施与合理的空间排布。此外，坎昆市建立了较为完善的交通体系，先后修建了高速公路、国际机场与海港，市区内各行各业都为旅游业服务，同时吸引了大批国内外投资商修建豪华旅馆、高端度假酒店等住宿设施，提升了坎昆市的旅游接待能力，为坎昆市的旅游发展奠定坚实基础。

除此以外，坎昆市在自然保护的基础上采取了灵活的开发模式。坎昆市在开发之初就致力于进行高规格的招商规模，拥有较为强大的开发实力，建立了合理的资产负债结构[4]。基于此，坎昆市的旅游产业先后进行了多次升级，从原始的观光旅游到增加基础旅游项目再到高端康养度假与主题娱乐，坎昆市不惧打破原有的旅游结构，形成了独具坎昆特色的康养度假模式，成为最受北美地区欢迎的滨海康养度假目的地。

而目前许多国内的滨海康养旅游目的地尚未形成清晰的目的地定位，囿于传统的滨海观光旅游发展模式与有限的投资能力，无法形成规模性的高端特色康养项目。因此，借鉴坎昆经验，国内滨海康养旅游目的地需要做好滨海康养旅游规划建设，制定相关专项规划，紧紧围绕自身定位，统筹处理好资源配置以及现实与目标、开发与保护的关系。同时，通过优惠政策吸引高水平的投资商，提升目的地的开发与创新实力，促进滨海康养旅游产业不断升级。

（二）自然资源多元开发，文化资源主题开发

坎昆市地处热带，三面环海，滨海景观独特，拥有一条20千米长的由珊瑚风化而成的白色沙滩，柔如毯、白如玉，分别被命名为"白沙滩"、"珍珠港"、"海龟滩"与"龙虾滩"，是世界公认的十大海滩之一。除了沙滩外，坎昆的海水也独具特色，这里的海面平静清澈，海水的颜色可根据其深浅、阳光的照射以及海底生物的情况而变化，被称为渐变海洋。同时，坎昆属于热带雨林气候，年平均气温为27.5℃，阳光明媚，气候宜人，雨季时，天空放晴后常会出现一道美丽的彩虹，而在玛雅语中坎昆也意为"挂在彩虹一端的瓦罐"，象征着欢乐与幸福。

坎昆市依托世界级滨海自然资源，对滨海康养资源进行多元开发利用，打造深度滨海特色康养体验项目，包括气候康养、海产食疗康养、水疗康养、海岸森林康养、海钓静心康养、滨海旅居康养以及运动康养等。在滨海特色主题风光的开发、滨海康养资源的利用以及深度体验项目的建设等方面，坎昆市将康养元素与滨海元素充分融合，使游客在感受坎昆自然风光的同时获得身体与心灵的治愈。

与此同时，坎昆当地的历史文化以玛雅文化闻名世界，而神秘消失的玛雅文明吸引着大批游客前往探索。除举世闻名的玛雅文化重要遗迹——库库尔坎金字塔位于尤卡坦半岛的东北部以外，圣米盖里托古迹废墟、图伦遗址

等玛雅文化遗迹均位于坎昆附近[5]。坎昆市将周边的这些文化遗迹纳入度假者游览的范围内，将文化产业与康养度假旅游相结合，制定了"玛雅世界"旅游规划，通过发掘与融合玛雅文化的历史资源与当地的民俗风情，打造玛雅文化旅游产品，助力坎昆旅游产业结构升级。

事实上，国内不乏滨海自然资源丰富的地区，海洋资源奇特、水质优良、自然风光优美且气候适宜的滨海康养旅游目的地不在少数。但许多地区对滨海特色主题风光、滨海康养资源与深度体验项目的开发程度相对较低，同质化现象明显且产品类型相对单一。国内滨海康养旅游目的地主要以开发滨海自然资源为主，对地方文化的挖掘与开发相对比较匮乏。但也有像北戴河的秦始皇文化、广西北海的老城文化等滨海康养旅游目的地将文化融入滨海康养旅游产品中，以文化丰富康养产品的内涵，提升游客的体验感与满意度。

（三）基础设施完善，配套体验丰富

自 20 世纪 60 年代起，坎昆市政府从未间断对基础设施建设的投入。坎昆市成立了专门的政府机构负责招商与筹资工作，根据发展情况分阶段进行选择招商对象，吸引了大批投资商与国际知名企业入驻坎昆，这为坎昆市的基础设施建设打下坚实基础。"食住行游购娱"是旅游的六大要素，坎昆市在建设滨海康养旅游项目的同时，以高起点、高标准和国际化为目标不断完善这六个方面的配套设施。在饮食方面，坎昆市通过风味餐厅与特色酒吧突出南美特色，使游客能够从味蕾的体验中感受滨海与南美风光。在住宿方面，坎昆市吸引了如丽兹卡尔顿、万豪与希尔顿等国际知名酒店企业入驻，设计特色的滨海度假酒店并划定专门的住宿区，为游客提供优质的住宿条件与充足的接待能力。在交通方面，坎昆市先后修建了机场、海港、高速公路等交通基础设施，为国内国际游客出行提供便利。在游玩方面，坎昆市拥有丰富的游玩设施与场地，如海岸高尔夫球场、水上运动俱乐部与儿童游乐园等，还拥有库库尔坎金字塔等玛雅遗址，能够吸引不同类型的游客前来游玩。在

购物方面，坎昆市斥巨资建设市内免税购物区，共有1500多家免税商店与购物中心，可购买各类产品，为游客提供最大程度的购物享受。而在娱乐方面，坎昆市拥有众多滨海康养项目，如水疗康养、运动康养等，使游客全身心得到放松。

坎昆市对其"食住行游购娱"六大旅游要素进行了高起点、高标准、国际化的统筹规划，促使这六大要素的国际化改造与同步提升。对于国内的滨海康养旅游的未来发展而言，同样要将六大旅游要素进行完善与升级，始终将基础设施建设放在重要位置，给予游客舒适的旅游体验。

（四）营造文明旅游环境，建设世界一流滨海康养旅游目的地

一直以来，坎昆市政府都十分重视当地旅游产业的发展。为保证旅游业的可持续发展，坎昆市政府将营造安全诚信文明的旅游大环境作为发展的重要基础。其主要措施体现在：建设良好的社会治安秩序、确保严格的食品安全管理、建立国际一流的医疗急救体系、创建友好包容的人文氛围，为游客提供舒适自由且安全的旅游环境。基于此，坎昆许多酒店、商铺与康养项目都十分重视人力资源的培训，以最大程度地满足不同游客的个性化需求。同时，相关员工还需通过坎昆市政府的定期考察以确保当地的服务质量与旅游环境始终保持国际前沿水平。

目前，国内许多滨海康养旅游目的地仍然缺乏对人力资源管理的重视，许多目的地在国际化管理方面仍有欠缺。因此，国内滨海康养旅游目的地需要根据国内外旅游市场的需求打造世界一流的滨海康养旅游目的地，完善旅游人力资源培训结构与管理体系，提升旅游从业人员的职业技术与文化素养。同时，通过建立旅游环境综合治理的长效机制、制定旅游商业信誉管理方法、提升医疗急救水平并对滨海康养项目进行统一管理与规定加强市场监管，确保滨海康养项目水平的稳定与高质量。

四、滨海康养旅游未来的发展趋势

（一）提升滨海康养资源利用率，打造"滨海康养+"特色产品体系

目前，大多数滨海康养旅游目的地着力于传统滨海要素的开发利用，如海水、沙滩、海产与海岛风光等，但事实上许多目的地拥有非常丰富的其他康养旅游资源，如中医药资源、山水资源、医疗资源、技术资源与本土文化资源等。因此，滨海康养旅游目的地未来不仅可以通过挖掘传统滨海康养资源实现滨海与康养的多元深度结合，如发展气候康养、沙滩理疗、海产食疗康养、水疗康养、海钓静心康养以及海上运动康养等，还可以通过促进其他康养资源与滨海资源的结合，打造"滨海康养+"特色产品体系，如滨海康养与文化、农业、体育以及研学等产业进行融合，实现"滨海康养+"多领域的发展。

（二）推动文化因素融入滨海康养旅游产品

党的二十大报告指出，坚持以文塑旅、以旅彰文，推进文化和旅游深度融合发展。将文化因素融入未来滨海康养旅游发展模式中是实现文旅深度融合的重要途径，也是提升滨海康养旅游文化内涵、实现滨海文化康养转型的必经之路。国内许多滨海康养旅游城市都拥有丰富的文化内涵，如北戴河的始皇文化、北海的多元文化等。同时，滨海地区还具有其独特的海洋文化，如独特的饮食文化与生活习惯，反映了滨海人民的生活方式和价值观，并展示了海洋文化的独特魅力。由于文化具有治愈和疗养人心的作用，因此，将文化因素融入滨海康养旅游产品可以提升游客的满意度与体验感。

（三）打造"第二居所"的滨海康养旅居胜地

近年来国内出现了许多滨海康养旅居项目，如海南三亚、山东威海等地凭借优越的自然条件与旅居设施，吸引了大批异地旅游者在滨海地区购置房产，为其打造能够保障养老、疗愈功能的旅居项目。与此同时，此类旅居项目还十分关注社群文化的打造，满足顾客对于情绪价值、艺术与生活品质的追求，从而获得心灵的疗愈。在依托优异的硬件设施和优美的自然条件的基础上，打造有温度、有活力、有情怀、有梦想、有爱心的和谐社区将成为旅居项目提升和完善的努力方向，实现旅游者从心理到生理的全生命周期心身康养，帮助他们在社群活动中找到归属感与价值感，找到属于自己的心身康养目的地。

（四）缓解滨海资源开发与保护的矛盾

一直以来，海洋资源的开发与保护之间的矛盾是滨海康养旅游目的地发展的主要障碍，如何平衡海洋资源的开发与保护之间的关系是未来滨海康养旅游需要解决的难题。过去，人们为了开发建设给海洋造成了不可逆的伤害，因此，现在许多地区不敢对旅游资源进行深度开发。滨海康养旅游要想进入良性发展，必须在旅游资源的开发与利用中找到平衡，因此，我们既要在保护海洋资源的同时，对滨海康养旅游资源进行深度开发；在增强大众海洋环境保护意识的同时，也能深化滨海旅游产品的内涵。

（五）完善基础设施，建设世界一流滨海康养旅游目的地

随着康养旅游市场的逐渐扩大，各地政府越来越重视康养旅游产业的发展，而完善基础设施是发展康养旅游产业的重要一环。滨海康养旅游的基础设施不仅包括交通、住宿、园林绿化和商业服务，还包括滨海康养项目设施、人力资源与医疗资源等[6]。2020年，习近平总书记提出要构建以国内大循环

为主体、国内国际双循环相互促进的新发展格局。据此，除了吸引国内游客外，未来还需要为建设世界一流滨海康养旅游目的地而努力。因此，未来滨海康养旅游目的地需要建设更加友好包容的人文氛围、建立国际一流的医疗急救体系和更加完善便利的基础设施，为国内外游客提供更好的服务与旅游体验。

（六）注重人才建设，人才兴产

当前，国内滨海康养产业的工作队伍已无法满足旅游者日益增长的对于高品质、个性化的滨海康养旅游产品的需求，因此建立科学先进的滨海康养人才培养与管理体系和引入更多康养人才成为未来滨海康养旅游目的地提升产品品质的关键。同时，要对现有的滨海康养产业工作者进行专业培训，建立健全政府部门人才培养联动机制，提升滨海康养产业的专业性与内涵发展。

（七）优化滨海康养产业营商环境，促进产业集聚

目前，国内的滨海康养旅游目的地普遍缺乏龙头企业与重点项目支撑，需要进一步优化滨海康养产业的营商环境，创新招商理念、优化招商机制，吸引国内外具有国际竞争力、产业带动力和品牌影响力的龙头企业进入目的地投资运营，从而带动中小企业与相关产业发力，形成产业集聚效应，打造具有目的地自身特色的滨海康养品牌。同时，加强对滨海康养产业的监督管理，建立健全康养产业准入、退出机制，加大滨海康养的旅游环境综合治理的日常监督力度，制定旅游商业信誉管理方法，营造诚信文明的滨海康养旅游环境。

参考文献

［1］杜宗棠，张星，刘宜卓，等.康养旅游的特征与差异研究——以北戴河为例［J］.时代金融，2017（36）：290，293.

［2］《北戴河区康养产业发展"十四五"规划》

［3］田晶.大健康视角下秦皇岛市北戴河区医养结合养老服务模式发展对策研究［D］.燕山大学，2021.

［4］苏长高.坎昆和巴拉德罗的滨海旅游［J］.西部大开发，2005（8）：60-61.

［5］王胜.海南应向坎昆学什么［J］.今日海南，2011（2）：30-31.

［6］谷明.国外滨海旅游研究综述［J］.旅游学刊，2008（11）：87-94.

康美河湖公园的概念与实践探索 [①]

张跃西 胡晓聪 杨 林 [②]

　　新时代背景下，水科学发展与生态文明建设蓬勃发展并取得显著成就。水利风景区、水利公园、河湖公园等，正在不断向纵深推进。我们很有必要从"健康中国"的视角予以考察和审视。水利与生态产业、康养产业及健康中国之间的关系十分紧密。水利的地位和作用更加重要而突出。习近平总书记明确提出："没有全民健康，就没有全面小康。"2016 年，中共中央、国务院印发《"健康中国 2030"规划纲要》，提出把健康摆在优先发展的战略地位，立足国情，将促进健康的理念融入公共政策制定实施的全过程，加快形成有利于健康的生活方式、生态环境和经济社会发展模式，实现健康与经济社会良性协调发展。强调以提高环境质量为核心，推进联防联控和流域共治，实行环境质量目标考核，实施最严格的环境保护制度，切实解决影响广大人民群众健康的突出环境问题。深入推进产业园区、新城、新区等开发建设规划环评，严格建设项目环评审批，强化源头预防。深化区域大气污染联防联控，建立常态化区域协作机制。完善重度及以上污染天气的区域联合预警机制。全面实施城市空气质量达标管理，促进全国城市环境空气质量明显改善。推进饮用水水源地安全达标建设。强化地下水管理和保护，推进地下水超采

　　① 基金项目：九华黄精康养产业研究院安徽省院士工作站立项课题的部分成果。
　　② 张跃西，博士，浙江外国语学院文化和旅游学院教授，重要窗口研究所所长，水利部水利风景区专家委员会委员，中国生态学学会旅游生态专业委员会委员及中国生态文明科普委员会委员，研究方向为康养旅游、区域发展战略及发明研学；胡晓聪，金华职业技术学院；杨林，金华职业技术学院。

区治理与污染综合防治。

"绿水青山就是金山银山"。这要求各地和部门结合实际认真贯彻落实绿色发展和生态文明理念，大力发展生态工业、生态农业和生态旅游、生态养老等新型产业，并成为绿色发展的重要内容，特别是生态养老，不仅是健康养老的重要内容，也是生态旅游的重要内容。基于良好的自然生态环境，提供的健康养老服务，不仅可以开发出老年人旅游、旅居、游学等新的服务产品，还可以基于良好的生态环境，打造出健康、疗养、康复等健康养老的服务产品。在青山绿水间，基于特定的自然环境而形成的健康、文化、生态等为老年人服务的产品，都可以统称为生态养老。在国家大力推进生态文明建设的时候，生态养老借生态文明建设的东风，将与生态旅游等产业，形成绿色经济新的增长点。水利必须在"健康中国"和"美丽中国"建设中发挥重大作用。众所周知，水是生态之基、生命之源、生产之要、康美之魂。水的质量是一个流域生态健康与美丽的重要标识，也是维持生命共同体的重要保障，更是区域社会经济发展繁荣的重要支撑。当前，人民群众对国家治理体系和治理能力现代化提出更高要求，也对健康美丽河湖和流域治理提出更多期待。因此，按照"节水优先、空间均衡、系统治理、两手发力"的治水思路共同抓好大保护，协同推进大治理，将健康产业与美丽产业建设成为实现乡村振兴和创新发展的战略性支柱产业。

一、康美河湖公园概念的提出

在贯彻习近平生态文明思想，坚持统筹推进健康中国、美丽中国和乡村振兴三大战略中，要以"康美河湖、造福流域"为目标，落实"两山转化"理念，遵循"双循环"要求，充分发挥水利在生态文明建设中的重大作用，加快建立满足流域生态经济良性循环系统，保障水安全、修复水生态、改善水环境、美化水景观、弘扬水文化、繁荣水经济和完善水管理，大力发展康美产业，打造"造福流域"且具有示范引领功能的河湖典型区域，也称为康美河湖公园。"康美河湖公园"中的"康"指健康、小康，"美"指美丽、美好，"公园"指为人民群众提供公益性休闲旅游康养生活的场所。水利必须在健康美丽中国建设中发挥重大作用。结合浙江省"五水共治"，我们体会到，关于水生态环境保护与利用"问题在水里，根子在岸上"。换句话说，要改善一个流域的产业结构，生产方式、生活方式和消费方式的优化才是解决治水问题的根本。因此，"就水谈水""就水治水"是做不好水利这篇大文章的。近年来，我国先后实施的"生态城市"和"海绵城市"等重要工程，特别是"健康中国""美丽中国"战略，为新时代水利工作指明了方向。水利需要打造"健康美丽河湖"，在健康中国和美丽中国伟大工程中发挥重大作用。"健康才是真正的美"。水质是一个流域生态环境质量的指示性标准，按照新时代生态文明"两山理论"要求，我们需要发挥好"绿水青山"水质好的生态资源优势，大力拓展康养功能和康美产业，发展生态经济和美丽经济，为区域政治经济和社会发展服务，加快打造"金山银山"。因此，加快建设"康美河湖"，让水利在生态文明"健康中国"和"美丽中国"战略中发挥示范引领作用意义重大，势在必行。

二、康美河湖公园评价标准的编制思路和框架

按照康美河湖公园的概念，结合水利风景区提质增效和高质量发展的要求，针对《水利风景区评价标准》（SL 300-2004），结合水利部河长办发布的《河湖康美评价标准指南（试行）》，水利部景区办、中国生态学学会和九华黄精康养产业研究院安徽省院士工作站联合完成《康美河湖公园评价标准（草案）》，正在进行专家论证。《康美河湖公园评价标准（草案）》提出了战略目标导向系统、公园文化建设系统、品质服务配套系统、康美产业支持系统、循环经济技术系统及流域治理保障系统等六大技术指标体系（简称 6S 系

统工程），指标总分 240，总体评价分达到 160 分及以上，具备省（自治区、
直辖市）级康美河湖公园条件；总体评价分达到 200 分及以上，具备国家级
康美河湖公园条件。具体指标见表 1。

表 1 《康美河湖公园评价标准（草案）》指标体系

一级指标	二级指标	三级指标
战略目标 导向系统 （40分）	流域治理战略定位（13分）	贯彻习近平生态文明思想，践行"幸福河湖、造福流域"，敢为人先打造示范引领功能样板工程
	区域协同发展战略（13分）	健康中国、美丽中国和乡村振兴三大战略协同推进。跨区域整合优势资源，发展康美经济和循环经济有可行方案
	康美河湖公园发展战略（14分）	明确战略定位，针对发展民生水利、生态水利、旅游水利和康美水利，提出系统化的战略措施和创新性思路
公园文化 建设系统 （40分）	水文景观（10分）	种类、规模、观赏性
	地文景观（5分）	地质构造典型度、地形、地貌观赏性
	水利工程景观（10分）	主体工程规模、建筑艺术效果、工程代表性
	人文景观（10）	水文化资源丰富度，历史遗迹、纪念物、重要历史人物、重大事件、民俗风情、建筑风貌、文化科普和研学
	风景资源组合（5分）	景观资源空间分布、景观资源组合效果
品质服务 配套系统 （40分）	区位条件（5分）	地理位置、区位优势、区域协同
	经济社会条件（6分）	区域经济发展潜力、政府支持力度、社会认可度
	交通条件（10分）	区外交通、区内交通、配套设施（码头、停车场、标识）
	基础设施（4分）	水电、通信、网络、导游
	服务设施（15分）	游乐、购物、餐饮、接待、卫生安全、救生救护
康美产业 支持系统 （40分）	康美产业创新能力（10分）	技术创新能力、中介组织水平、产品创新能力
	康美产业发展规模（10分）	主导康养产业竞争力、年增长率、康美产业占 GDP 比重
	康美产业经济发展（10分）	投资回报率、主导产业市场占有率
	康美品牌形象（10分）	品牌知名度、品牌美誉度

续表

一级指标	二级指标	三级指标
循环经济技术体系（40分）	循环技术应用（15分）	生态工程、循环农业、生态工业、生态旅游和研学旅行
	水土保持质量（10分）	水土流失综合治理率、林草覆盖率
	生物多样性保护（10分）	物种保护、栖息地设置、保护措施与效果
	环境质量、空气质量（5分）	水质水量、水循环、水生生物、污水处理、环境空气质量、负氧离子含量、舒适度
流域治理保障系统（40分）	公园规划（6分）	规划成果水平及规划批复
	管理体系（6分）	管理机构、管理制度、人员职责
	服务管理（6分）	服务项目、服务水平、投诉处理机制
	运营管理（5分）	体制机制、项目的实际效益效果
	信息化（4分）	信息化功能、维护及推广效果
	安全管理（8分）	工程与设备安全、游乐设施安全、安全标识设置、治安机构、消防、应急处理
	卫生管理（5分）	餐饮卫生、公厕卫生、公共场所卫生、垃圾分类及处理

三、康美河湖公园试点工作

为探索将康美河湖公园作为水利风景区提质增效的重要路径，各地开展了"康美河湖公园"试点工作，初步构建了不同类型"试点体系"示范样本。

省厅级——安徽梅山水库"康美河湖公园"。以多拱坝水利工程奇观、红色文化、院药文化为特色，传承红色基因，创造高端平台创意共享的运营机制，优化功能布局，构建产旅融合康养体验的产业体系，依托院药小镇创建梅山模式。

县区级——浙江衢州市衢江区衢江康美河湖公园（纳入2020年政府重大项目）。康美河湖公园沿江布局，规划"一核一带五区"空间结构。以为旅游综合服务核心，建设诗画美丽风光带，打造浮石—新田铺田园休闲区、西周古城文化博览区、盈川古镇文化旅游区、中医针灸康养度假区、衢江下中洲省级生态湿地研学区等五个功能区块，策划备江治理二期工程、乌溪江引水工程、水库湖泊治理工程、针灸小镇（康养中洲）、沿江公路及景观带工程、新田铺田园康养综合体、盈川古镇、浮石休闲旅游区、西周文化博览园、衢江下中洲省级湿地公园、多式联运中心港、樟潭古埠街区建设工程、荷验牧场、杭丽备山海协作大通道等系列化重点项目，创建国家康美河湖公园，助推国际知名的针灸康养旅游目的地、国家研学旅游示范基地，打造"康美河湖，衢江"。

乡镇级——建德市梅城镇镇政府三江口康美河湖公园。建德市三江口康美河湖公园位于浙江省建德市梅城镇三江口（新安江、兰江、富春江）。建德梅城是"千鹤妇女精神"的发源地。建德市三江口国家康美河湖公园充分利用梅城优美的水资源和水文化，通过实施6S系统工程，以千年古府为魂，以三江秀水为基，以"千鹤妇女"为特色，弘扬"建功立德"，加快跨越发展。规划强调以玉带河千鹤妇女商业街、国家水上体操训练中心、千鹤妇女康养中心、三江诗路水利公园、桥景提升工程等重点项目为抓手，打造巾咽文化新高地，助推梅城拥江大发展。三江口康美河湖公园，为千年府城文化铸魂，不断强化康美产业支撑，打造美丽城镇和"康美河湖、造福流域"新典范。

四、对策建议

深入贯彻新时代习近平生态文明思想，按照生态文明要求，优化顶层设计和政策供给，积极打造国家康美河湖公园，加快推进"康美河湖、幸福流域"，助推"健康中国"和"美丽中国"战略融合，全面开创国民经济和社会发展新局面。经过研究，特此提出以下建议。

一是将"康美河湖、造福流域"作为新时期治水能力和治水体系现代化建设的重要内容。全面深入推进"健康中国""美丽中国"战略融合，将"康美河湖、造福流域"实施 6S 系统工程纳入区域"系统治理、两手发力"政绩考核体系，确保水利在推进生态文明建设、实现乡村振兴和"双循环"中发挥更大作用、做出更大贡献，加快推进治理能力和治理体系现代化。

二是将"康美河湖公园"作为水利风景区提质增效和高质量发展的"升级版"，纳入河长制、湖长制考核体系。康美河湖公园要作为水利风景区提质增效和实现高质量发展的重要抓手，作为水利风景区的"重要窗口"要尽快提到重要议事日程。结合"十四五"规划，在总结提炼"康美河湖公园"试点工作经验的基础上，从水利服务于健康中国、美丽中国和乡村振兴战略高度，将康美河湖公园纳入"河长制湖长制"绩效评价考核体系并与国务院"河长湖长奖励办法"直接挂钩。

三是将"康美河湖公园"作为践行"两山转化"和"流域生态治理"示范工程，积极发挥水利对流域生态文明建设的引领作用。由水利部水利风景区建设与管理领导小组牵头，安排落实"康美河湖、造福流域"专项经费，全面推进"康美河湖公园"试点示范工作。建议在"十四五"期间，在现行国家水利风景区的基础上，着力打造"国家康美河湖公园"示范工程 100 家。贯彻落实"康美河湖、造福流域"目标，细化导则和标准、科学规划、以点带面、全面推进，努力"把每一条江河都建设成为造福人民的幸福河"。

参考文献

董青，兰思仁.中国水利风景区发展报告（2019）［M］.北京：社会科学文献出版社，2020.

地方发展报告篇

云南康养旅游现状、问题与促进策略 [①]

明庆忠　张文娟　彭伟兰　王雪波　杨德钦 [②]

　　大健康时代催生的康养旅游，完美地结合了健康养生与休闲游憩，极大地满足了当今社会对康养休闲的需求，康养旅游成为全球发展最快的旅游形式之一[1]。三年疫情让全球居民更加重视健康与养生，人口老龄化进程加速也为康养旅游市场创造了巨大的市场空间[2]。随着"健康中国"战略的实施，康养旅游产业发展的重要性进一步得到凸显。由于云南省在地理、气候、生物多样性、文化多元性等方面具备比较优势，形成了康养资源和文旅资源在全国范围内的吸引力和竞争力。近年来，云南省深入践行新发展理念，在全国率先提出建设国际康养旅游示范区和健康生活目的地，成为引领我国新时代绿色发展方式和健康生活方式的一面旗帜。良好的产业基础与得天独厚的资源优势，吸引了大批康养旅游者、康养创业者、康养旅游项目、康养旅游人才等要素在云南集聚[3]。康养旅游实践在云南呈现出欣欣向荣、精彩纷呈的景象，以康养旅游为主题的康养城市、康养园区、康养小镇、康养乡村等应运而生，在促进云南省经济社会发展、提升人民生活质量、助力建设健康云南等方面发挥了重要作用。

　　① 基金项目：国家自然科学基金项目"山地旅游目的地人地关系地域系统变化及其机制研究"（41961021）

　　② 明庆忠，教授，博导，云南财经大学旅游文化产业研究院，研究方向为区域旅游开发规划与管理；张文娟，云南财经大学旅游文化产业研究院博士研究生，云南省旅游规划研究院助理研究员，研究方向为文化旅游产业政策；彭伟兰，讲师，河北东方学院；王雪波，云南尚博智库旅游营销策划有限公司；杨德钦，云南尚博智库旅游营销策划有限公司。

一、云南康养旅游发展现状

"十四五"时期以来，云南康养旅游产业持续健康发展，产品业态更加丰富，产业体系逐步健全，产业规模不断扩大。云南推动文化和旅游"双强省"建设，为康养旅游发展提供了源源不断的动力。2022 年，全省完成旅游业固定资产投资 1053.2 亿元，同比增长 52.9%，增速居全国第一位，旅游业首次成为云南省五大投资支柱行业之一；全省接待游客 8.4 亿人次，实现旅游收入 9449 亿元，同比分别增长 27.3%、21.2%，恢复到 2019 年的 104.2%、85.6%；全省旅游业综合增加值达 3444.2 亿元，占全省 GDP 比重的 11.9%，其中，直接增加值 1673.4 亿元，占 GDP 比重的 5.8%，间接增加值 1770.8 亿元，占 GDP 比重的 6.1%；旅游业带动第一、二、三产业增加值分别为 314.7 亿元、634.6 亿元、2494.9 亿元，占全省第一、二、三产业增加值的 7.8%、6.1%、17.3%。2022 年，文化、体育和娱乐业固定资产投资同比增长 71.1%，实现营收 47.15 亿元[5]。

（一）云南康养旅游发展模式

当前，云南康养旅游处于快速发展向高质量发展的转型阶段，昆明、大理白族自治州、丽江、西双版纳傣族自治州、红河哈尼族彝族自治州等地已经吸引了大批国内外追求健康生活的游客来度假休闲，支撑起了全省康养旅游产业的大半壁江山。云南充分把握康养旅游产业融合性强的特点，推陈出新，不断促进康养旅游产业和其他产业相结合，形成了"康养＋旅游＋"的多元发展模式。

一是"康养＋旅游＋民族医药"模式。中医药是国之瑰宝，云南生物医药资源丰富，素来有"植物王国""百药之乡"的美誉，中草药品种达 6157 种。同时，云南民族文化多元，拥有 25 个世居少数民族，千百年来积累了丰富的防病治病经验与知识，形成了以傣族、彝族、藏族医药为主，苗族、白族、哈尼族、纳西族等民族医药多元并存的独特的云南民族医药体系。云南从未间断对中医药和民族医药资源与康养旅游融合发展的创新探索。例如，曲靖市第一人民医院创建的爨乡百草园，通过挖掘、传承爨医药文化，成为集民族医药制剂、绿色食品、健康体检管理、运动休闲、中草药百草园等于一体的全国中医药健康旅游示范基地。

二是"康养＋旅游＋休闲体育"模式。优美的自然风光、源远流长的历史文化、多姿多彩的民族风情、四季如春的宜人气候、面向南亚和东南亚的区位优势，让云南体育与文化旅游融合成为必然。2022中国体育旅游精品项目入选名单公布，云南共有13个项目入选，入选总数位列全国第一。大理白族自治州以开展徒步、马拉松、登山、自行车等各类体育赛事活动为载体，加快体育与旅游、康养的深度融合，不断丰富旅游内涵，提升旅游品质，促进体育服务业提质增效；做精做足户外运动文章，打造户外康养运动胜地，推动体育产业规模更大、结构更优、市场更活。此发展模式可以促进云南体育事业发展，助推体育运动从单一运动竞赛向多元化的休闲健康体验转变，同时也能推动民族传统体育运动的传承和发展。

三是"康养＋旅游＋养老旅居"模式。针对庞大的老年群体并结合自身优越的自然条件，云南创新设计银发旅游、候鸟式旅游和乡村旅居等业态产品，探索打造特色康养小镇、温泉度假小镇等康养旅游项目，养老地产持续火爆。例如，"一市连三国、一江通五邻"的云南普洱，享有"北回归线上最大的绿洲""生态宜居之城、健康养生之地、普洱茶文化之源"的美誉，多年来积极推进高品质康养旅居目的地建设，已经形成森林康养旅游、温泉康养旅游和茶旅咖旅体验等特色产品，多年位列中国康养城市50强。

（二）云南康养旅游市场供需情况

1.需求市场概况

《云南康养旅游发展报告（2021—2022）》通过调查问卷，分析到云南康养旅游的目标客群以中青年为主，省外游客比省内游客对康养旅游更感兴趣，一半以上的游客倾向花费 3000 元以上进行康养旅游。他们更愿意前往生态优美、自然资源丰富且服务优质的目的地体验当地康养旅游特色，且愿意在目的地停留较长时间[4]。从近 3 年的云南旅游市场调研报告中可知，2020 年云南国内游客市场以中青年市场为主，25~44 岁人群占比 36.53%，45~64 岁人群、65 岁及以上人群所占比重分别为 24.57%、10.43%，相比 2019 年，65 岁及以上游客提升比例最高，提升了 9.24 个百分点；2021 年与 2022 年，25~44 岁人群占比在 45% 左右，45 岁及以上人群占比在 30% 左右。上述数据也印证了发展报告调查问卷的结果：中青年是旅游消费的主力军，云南发展康养旅游具备较好的市场条件。

2. 供给市场概况

一是典型康养旅游企业经营情况。云南省康旅控股集团有限公司（以下简称康旅集团）是云南省委、省政府明确的全省文化旅游、健康服务两个万亿级产业的龙头企业和项目实施主体，拥有国家 AAA 信用评级，是云南省最具代表性的康养旅游企业之一，业务涵盖医疗、医药、健康管理、康养地产等医学研、康养旅一体化全产业链[4]。2023 年第一季度，康旅集团积极把握发展契机与方向，不断推进"旅游+""康养+"复合产业创新，实现营业收入 35.05 亿元，同比净增加 0.55 亿元，实现经营活动现金净流量 6.13 亿元，同比增加 9.05 亿元。其中，文旅板块实现营收 7.23 亿元，景区及酒店业务迎来爆发式增长，景区游客接待量 293.5 万人次，较去年同期增长 8.9 倍；酒店入住率 69.5%，同比增长 33.7 个百分点。康养板块实现营收 6.24 亿元，环保板块实现营收 6.15 亿元。当前，昆明安宁温泉山谷项目、腾冲玛御谷温泉小镇正积极推进建设。

二是州市代表项目建设情况。云南各州市也纷纷将康养旅游产业列为年度重点工作，积极寻求与大企业合作共同推动康养旅游产业发展。各地招商意识逐年增强，参加国内外推介会将当地康养旅游资源和项目作为介绍的重点内容，各地达成的康养旅游产业合作项目也逐年增多。例如，西双版纳正加快推进中林西双版纳温泉康养文旅项目、勐远仙境康养小镇、君澜疗愈酒店等一批康养旅游项目建设，截至2022年年底，全州纳入统计文旅康养产业项目27个，到位资金11.71亿元；保山市建成玛御谷温泉等高中档温泉30多个，壮大康养旅游业态，启动龙陵三关温泉、昌宁橄榄河温泉等一批温泉康养项目；与10省17市共同发起成立文旅康养城市联盟，加入云南文旅产业高质量发展战略联盟、昆明国际友城旅游联盟，进一步推动区域交流与合作。

（三）云南康养旅游政策体系

2016—2022年，云南省在省级层面共制定出台涉及康养旅游内容的政策12项。每年出台政策数量从2016年的2项增加到2022年的5项；政策形式包括纲要、规划、意见、实施方案等，产业引导性政策居多；政策发布主体主要是云南省委、省政府和省政府办公厅。云南的系列政策既体现出党和国家对康养旅游发展的要求，同时又符合云南实际。下面是几个对云南康养旅游发展具有重要意义的政策文件。

2016年11月，云南省人民政府办公厅印发《云南省旅游文化产业发展规划及实施方案的通知》，在《云南省旅游文化产业发展规划》中明确七大重点产业，其中包括"健康养生业"，提出建设一批温泉养生度假区、一批户外运动和体育旅游基地、一批医疗健康旅游项目和一批养老养生旅游基地，将我省建成国际著名、国内一流的健康旅游目的地。在实施方案中也围绕重点建设内容进行了主要任务分解，这是云南省首次在发展规划文本中提到康养旅游，为云南省康养旅游产业发展指明了方向、奠定了基础。

2017年8月，云南省委、省政府印发《"健康云南2030"规划纲要》，该纲要指出，鼓励各地区依托丰富的旅游和自然资源，发展有特色的中医药健康旅游项目，将中医药资源有效融入旅游产业发展。在发展"健康产业"篇章明确康养旅游是云南特色健康服务新业态，要依托丰富的自然资源、旅游资源和民族文化资源，建设滇中康体养生旅游核心区、滇西北文化养生旅游带、滇西温泉养生旅游带、滇西南生态养生旅游带，打造具有云南特点、优势突出、具有国际竞争力的康体文化养生品牌和健康医疗旅游目的地。由此可以看出，云南省为响应"健康中国"战略，结合文化旅游特色，已经将康养旅游列为主要实现路径。

2021年5月，《云南省"十四五"文化和旅游发展规划》印发，在"优布局，构建高质量发展新格局"章节中，康养旅游是"建设大滇西旅游环线""建设沿边跨境文化旅游带""建设金沙江生态旅游带""建设六个国际旅游中心"的重点内容；在"强弱项，锻造旅游新业态新产品"章节中，专门提出要"锻造康养旅游新业态新产品"，建设10个国际康养旅游胜地和10个医疗健康城和康养小镇。这是对全省康养旅游产业发展的系统规划，明确了产业体系建设的重点和方向。

二、云南康养旅游发展中存在的问题

一是推动康养旅游产业发展的体制机制不健全。康养旅游产业关联性大、带动面广，"文、游、医、养、体、学、智"不同服务要素以及项目建设、市场培育、营商环境等管理要素分散在多个行业和部门。从行政组织的角度分析，在推进产业发展过程中，文旅部门作为牵头部门，存在抓手不多、措施有限、协调难度大等问题。

二是康养旅游产业转型升级步伐相对缓慢。各地自然资源禀赋、产业发展基础、区位优势差异较大，缺乏具有地方特色的产业发展规划，存在同质化发展情况。重大康养旅游项目策划规划、招商引资不够理想，中高端产品不足、国际化产品短缺，数量众多的康养旅游酒店、康养小镇都属于康养地产。新业态、新产品培育不足，康养旅游资源创新开发力度不足，市场供需矛盾没有得到有效解决。

三是康养旅游融合深度和广度还不够。康养旅游产业作为复合型产业，聚合了康养产业链和旅游产业链，产业要素结构较为复杂。云南在推动产业融合、产业链整合方面还存在系统性统筹不足、内涵式挖掘不深、联动性水平不高等问题，且具有示范性和代表性的"康养＋旅游"项目不多。

四是康养旅游市场主体不够强。现有康养旅游市场主体对市场需求变化反应不够及时，规模小、竞争力弱、主营业务偏传统等问题比较明显。截至2023年5月，云南省旅游规上企业203家、上市公司仅2家，且品牌影响力、市场竞争力不强。高端化、国际化的企业品牌落地云南少，世界500强、中国500强和民企500强企业仅落地3家。康养旅游市场总体投入不足、夸大投资预期，有文化底蕴、个性化、辨识度高的IP不多，部分建成运营的康养旅游项目品牌效益低、竞争能力弱。

五是康养旅游专业人才匮乏。云南重视旅游人才队伍建设，旅游从业人员众多，但是既懂旅游又懂康养，既懂服务又懂管理的复合型人才仍旧匮乏。虽然国内部分职业院校和高校开设了康养旅游相关课程，但是目前我国康养旅游产业处在起步阶段，人才培养体系还未真正建立起来。专业人才供给不足是各省发展康养旅游普遍存在的问题，尤其云南地处边疆，城市活力和发展前景要逊于沿海发达地区，所以人才竞争力处于相对弱势的地位。

三、云南康养旅游高质量发展的促进策略

在"健康中国"战略指导下，基于发展康养旅游成为全球化趋势的时代背景，云南康养旅游发展目标应积极地向"生活目的地"战略要求靠拢，通过康养和旅游业的融合发展，丰富云南文化旅游业态，实现产业转型升级和高质量发展。重点培育生态康养、温泉度假、医疗健康、中医药康疗、体育健身、食疗养生、旅居养老等康养旅游新业态，变资源优势为经济优势，努力把云南建设成为"宜居、宜业、宜游"的国际康养旅游示范区和人人向往

的健康生活目的地。

（一）强化顶层设计，健全康养旅游发展体制机制

一是持续加强政策体系建设。在综合性、引导性政策中把康养旅游作为重点予以支持，鼓励各地州发展康养旅游，从省级层面系统性地统筹产业布局和发展重点、目标；也要出台专项政策，如康养旅游三年行动计划、实施方案等，细化政策安排和要求。同时，对具有普适性的康养旅游进行规划，对老年群体等特殊人群的康养旅游进行有针对性的政策制定。以大众康养旅游需求为出发点，推动康养旅游供给端与需求端有机结合。二是建立健全体制机制。建立由文旅部门牵头，发展改革委、卫生健康委等相关部门组成的康养旅游发展合作会商机制，通过加强日常沟通配合，明确每个部门工作分工，以项目化、清单化的方式协同推进康养旅游产业高质量可持续发展。将康养旅游纳入文化和旅游产业链、生物医药产业链，实行"链长制"制度，加强统筹调度。定期召开联席会议，及时研究协调工作中遇到的问题，提出解决方案，落实工作责任。工作专班和各相关部门各司其职、齐抓共管，形成工作合力。

（二）差异化竞争，加速推进康养旅游产品业态创新

一是培育生态康养旅游。充分发挥云南省生态资源、医养资源优势，培育推出避寒避暑、森林康养、滨湖度假、旅居养老、温泉疗养等生态康养旅游新产品。二是培育医疗健康旅游。积极引进国内外知名医院和高端医疗技术、设备和人才，提升医疗服务能力。鼓励有条件的医疗机构积极开展主客共享的健康咨询、健康教育、健康体检、健康评估、重大疾病筛查等健康管理服务。挖掘傣医药、彝医药、藏医药、苗医药、佤医药等中医药特色诊疗技术与服务，推出中医药特色诊疗旅游产品。依托优势药材良种繁育基地建设，打造中药材养生旅游基地。三是发展体育健身旅游。推进健身步道、森

林步道、骑行绿道、体育公园、大型综合体育场馆、水上运动中心、冰雪场地、航空运动中心等体育旅游基础设施建设，大力发展登山徒步、山地自行车、自驾露营、水上运动、冰雪运动、低空飞行等大众体育旅游项目。积极申办中国户外运动产业大会，持续提升"一带一路·七彩云南"系列国际品牌赛事规模和质量，加快培育全省体育旅游精品赛事。

（三）多举措并举，提升康养旅游管理服务质量

一是加强标准化和品牌建设。标准化建设和品牌创建是康养旅游产业提质增效的必由之路。标准化建设需要云南尽快出台发展规范与管理标准，系统化、高效率地提升全域康养产业设施和服务水平，特别是让更高比例的现有和新建的文旅项目具备符合标准的康养服务能力，显著增进全域康养服务容量和质量。品牌创建旨在依托高规格品牌背书，提升产品附加值以及国际竞争力，除了创建国省两级的品牌之外，还可以积极创建联合国、欧盟、全球康养学院（GWI）等国际组织认可的全球性品牌。二是推动服务增值。通过科技赋能医疗、医药的设施设备，依托高科技对传统特色疗法产品化，为康养旅游客群提供无微不至的"人本化"服务。同时，加强对康养旅游企业和从业人员的培训教育，引导和激励 A 级旅游景区、星级饭店、旅行社、等级旅游民宿等市场主体增强质量兴旅、质量强旅意识，加快理念、技术、服务创新，增强康养旅游服务效能和体验。

（四）坚持"外引内培"，发展壮大康养旅游企业

一是引入具有较高创新能力的康养旅游企业，包括产品生产企业和研发企业。因为康养旅游产业的融合特性，其产品在生产、研发过程中会涉及医疗、医药、保健、体育、美容等较多行业，所以引进的企业不能仅仅局限于文化或旅游相关企业[4]，应该引进已经形成康养旅游综合产品生产品牌的大型企业，或者通过优势项目和企业跨区域合作的路径，优势互补、共享关键

要素，探寻建立特色康养联合体。二是注重培育重点地区的企业主体，特别是昆明、大理、丽江、西双版纳、红河的康养旅游企业，如康旅集团、丽江旅游等，处理好存量与增量的关系。促进内生发展动力，制定相关鼓励政策，如对地方社会经济发展做出突出贡献的企业进行奖补，制定支持康养旅游企业发展的税收、金融、科技等方面的优惠政策和引导政策，有效激活存量企业的研发、创新能力。

（五）引进培育并重，加强康养旅游产业人才队伍建设

一是有针对性地引进高水平、专业化的团队。健全专业人才引进体制机制、完善相关人才团队引进政策，为引才入滇提供更宽松的环境、更多的平台和更大的成长空间，尤其需要引进国际知名康体养生旅游顾问团队，包括医疗保健专家、康养项目专业人才等，借助国际先进技术力量，加强云南发展康养旅游的技术支撑，挖掘云南本土产品和特色疗法的商业潜力。二是加大复合型人才的培训力度。一方面，引导企业强化康养旅游从业人员全方位知识技能的培训，通过考核、竞赛等方式不断提升从业人员的综合素质；另一方面，加强政产学研交流合作，共同培养具备文化、旅游、康养知识的复合型人才，提升康养旅游人才的专业性[4]。三是建立康养旅游从业人员的资格认证体系。参考国内外的成功案例，与知名健康机构和专家合作，开发培训课程和认证体系，将云南打造成成全国乃至世界性的康养旅游教育和培训中心。

（六）多区域联动，加强宣传营销和交流合作

一是创新营销方式。统筹相关州市的资源，把握旅游宣推工作的规律和特点，策划开展"穿越三千年解密古滇国""重走霞客路·重温霞客情""茶香心体验·'啡'常慢时光""全国百名媒体达人云南行"等特色宣传活动。通过各大新媒体平台开展云南康养旅游"最系列"宣传评选活动，公开评选

新时代"最具影响力 10 大康养旅游品牌""最养生 10 种云南美食""最美 10 条徒步线路""最美 20 家特色温泉"等。开展"健康生活目的地"品牌营销，加入央视"品牌强国工程"。二是多区域联动拓展市场。加快推动开通昆明至珠三角、长三角等地区的旅游专列，加强滇沪旅游合作机制、中国大香格里拉旅游推广联盟、泛珠三角区域旅游大联盟、长江上游四省市旅游合作联盟、G219 旅游推广联盟和滇闽、滇桂、滇琼文旅区域合作。同时，积极开展对外交流合作。国际将促成职工跨省疗养、结成康养旅游联盟、召开康养旅游论坛等内容列入合作内容，发挥联合营销、互拓市场的效用。

参考文献

［1］Peris-Ortiz M，José lvarez-García. Health and Wellness Tourism. Emergence of a New Market Segment［M］. Germany：Springer international publishing，2015.

［2］李莉，陈雪钧.中国康养旅游产业的发展历程、演进规律及经验启示［J］.社会科学家，2020（5）：74-78，90.

［3］李钰.云南康养旅游产业链与创新链融合发展［J］.旅游学刊，2023，38（1）：11-14.

［4］杜靖川，吕宛青.云南康养旅游发展报告（2021—2022）［M］.北京：社会科学文献出版社，2023.

［5］云南省统计局.云南省 2022 年国民经济和社会发展统计公报［N］.云南日报，2023-03-28（006）.

［6］云南省旅游规划研究院暨中国旅游研究院昆明分院.云南旅游产业发展年度报告（2021-2022）［M］.北京：中国旅游出版社，24-25.

［7］邹统钎，侯满平，王欣.中国康养旅游发展报告（2021）［M］.北京：社会科学文献出版社，2021.

天津康养旅游产品体验质量评价及其提升路径研究

易志斌　焦　静　甘　悦　姚明红　潘　玮①

2016 年 10 月，国务院颁布的《"健康中国 2030"规划纲要》指出"健康是促进人的全面发展的必然要求，是经济社会发展的基础条件。实现国民健康长寿，是国家富强、民族振兴的重要标志，也是全国各族人民的共同愿望"，要"积极促进健康与养老、旅游、互联网、健身休闲、食品融合，催生健康新产业、新业态、新模式"。随后国务院等相关部门先后颁布了《国务院关于实施健康中国行动的意见》《健康中国行动组织实施和考核方案》《健康中国行动（2019—2030 年）》等政策文件。如今，在"健康中国"战略背景下，康养旅游产业迎来了重要的发展机遇期。作为把旅游产业和健康产业结合在一起的康养旅游，是人们在物质生活得到满足的条件下，衍生出的精神层面的深度体验消费需求。如果把休闲旅游看作人们对一种幸福生活质量的诉求，那么康养旅游就是人们对提升生命质量的追求。康养旅游具有很强的包容性，既能解决当前亚健康呈现年轻化趋势的问题，又能在一定程度上解决养老供需不平衡矛盾。康养旅游是落实"健康中国"战略最好的举措之一，也为丰富健康休闲供给提供了未来发展方向。特别是自 2020 年突发新冠疫情以来，

① 易志斌，博士，南开大学旅游与服务学院副教授；焦静，硕士研究生，南开大学旅游与服务学院；甘悦，硕士研究生，南开大学旅游与服务学院；姚明红，助教，河北东方学院；潘玮，讲师，河北东方学院。

人们越来越重视健康生活理念和生活方式。康养旅游关注人们身体的养护以及精神层面的建设，正好契合了人们对丰富休闲娱乐活动的需求和健康、幸福的高质量生活的追求，从而康养旅游逐渐深入人们的内心，以旅游为载体的康养消费成为许多行业追求的新风口。根据中国旅游研究院2023年6月发布的《中国老年旅居康养发展报告》和华经产业研究院的统计数据，2020年受疫情影响，我国康养旅游人数下滑至6750万人次，康养旅游市场规模为813亿元；2021年康养旅游市场规模近900亿元；2022年康养旅游市场规模近1000亿元，预计到2028年，中国康养旅游市场规模将达1630亿元左右[1]。

为了落实"健康中国"国家战略，近些年天津市先后制定和实施了《关于推进健康天津建设的实施意见》《健康天津行动实施方案》等。《天津市促进旅游业发展两年行动计划（2019—2020年）》中提到，将以天津特色文化为魂，实施"旅游+"工程，推进"旅游+康养"在内的新兴产业发展，支持体育研学游、中医药养生游、房车露营游等中高端业态，形成"景点—产品—产业"的链条作为重点任务。《天津市加快建设国际消费中心城市行动方案（2023—2027年）》提出6个方面24项重点任务，其中指出要发展大健康产业，打造高端康养社区品牌，建设康养基地，大力发展银发经济。这些"健康天津"政策确实加速推动了天津康养旅游产业的发展，让天津康养旅游市场呈现出良好的发展势头，但从整体来看，由于天津康养旅游产业发展起步晚，目前仍处于初级探索发展阶段，康养旅游产品的供给还不是很充分，尚未形成真正意义上的产业链。

一、天津康养旅游资源和产品开发现状

（一）天津康养旅游资源

天津地处中国华北平原东北部，位于海河流域下游，北依燕山，东临渤海，西靠北京市，其余地方与河北省相邻。天津以平原为主，但也有山地丘陵分布，北高南低，属于温带季风气候，四季分明，得天独厚的自然环境孕育了多种多样的康养旅游资源。

在自然康养资源方面，天津拥有山、河、湖、海、泉、湿地等自然资源，主要包括14个自然保护区，3个国家级自然保护区，国际重要湿地1处、国家重要湿地2处、省级重要湿地14处，森林面积15.44万公顷，森林覆盖率达13.07%，14个森林公园，1个国家级森林公园。天津地热（温泉）资源十分丰富，且属于中低温地热资源，埋藏深度为1000~3000米，温度为25~103℃，深度适中，温度适宜，适合发展温泉康养旅游项目。

在历史人文康养资源方面，天津拥有悠久的历史和丰富的文化遗产，而且天津在中国近代百年历史上有着突出地位和影响，在中西文化交融下形成了一系列独特的人文资源，如黄崖关长城、独乐寺、古文化街、天后宫、大悲院、五大道、意式风情街以及名人故居等。

在乡村康养资源方面，天津乡村旅游资源种类丰富，涵盖了乡村自然风光、乡土文化艺术、乡村民居建筑、乡村传统耕作、传统节事活动、民宿休闲度假等。目前，天津已有蓟州区下营镇、官庄镇、西青区辛口镇、北辰区西堤头镇赵庄子村、宝坻区牛家牌镇赵家湾村、津南区北闸口镇前进村等先后入选全国乡村旅游重点镇（乡）名录。

在传统医药康养资源方面，天津中医药野生资源丰富，品质优良，部分已得到了开发与利用，主要被用于保健、医疗、展览、美容等领域。为进一步弘扬中医药优秀文化，传播中医药知识，近些年天津建设了多家中医药文化宣传教育基地、中医药文化博物馆、古代老中医展览馆等，可供康养旅游者参观和学习。除此之外，天津市传统医药类非物质文化遗产也十分丰富。

（二）天津康养旅游产品类型

康养旅游作为异军突起的新兴产业，受到了社会各界的高度重视和广泛关注，但目前康养旅游产业在国内还处于发展的起始阶段，全国各地都在努力探索和培育具有区域特色的康养旅游产品。近年来，天津市各级人民政府及其有关部门也在积极依托本地的自然生态环境、历史人文资源、美丽乡村和中医药等资源，大力推进康养旅游的发展并取得了一定积极成效。2020年12月，在第八届中国旅游产业发展年会上"中新天津生态城"获评中国十强康养旅游目的地。本文结合康养主题和特征对天津康养旅游产品进行了梳理和分类，主要包括生态康养、文化康养、运动康养、田园康养、中医药康养、温泉康养六大类旅游产品，具体如表1所示。

表1　天津康养旅游产品一览表

类型	区域	资源点位
生态康养旅游产品	蓟州区	九龙山森林公园、八仙山国家级自然保护区、梨木台景区、车神架景区、郭家沟景区、盘山景区等
	滨海新区	官港森林公园、北塘渔港码头等
	东丽区	东丽湖
	静海区	团泊湖
文化康养旅游产品	和平区	五大道、末代皇帝旧居、瓷房子等
	南开区	古文化街、周恩来邓颖超纪念馆、天后宫等
	河北区	意风区、李叔同故居、梁启超纪念馆、大悲院等
	西青区	石家大院、杨柳青木版年画博物馆、安家大院等
	蓟州区	独乐寺、黄崖关长城等
运动康养旅游产品	蓟州区	下营镇山野运动休闲旅游特色小镇
	静海区	"行走的大运河""团泊湖半程马拉松"等体育运动休闲项目
田园康养旅游产品	西青区	大柳滩村、杨柳青庄园、西青郊野公园等
	静海区	北二堡村、旭朝家庭农场等
	北辰区	万源龙顺度假庄园、曙光水镇等

续表

类型	区域	资源点位
温泉康养旅游产品	滨海新区	龙达温泉生态城
	宝坻区	帝景温泉度假村
	静海区	光合谷度假区
	武清区	天鹅湖儿女情度假村
	西青区	社会山嘉佑温泉

1. 生态康养旅游产品

生态康养一般指人们在具有充沛阳光、适宜温湿度、清新空气、幽静环境以及优质物产丰富且完善的设施等人居环境中，开展适宜的运动、医疗护理等以修养身心健康，从而实现身心保健的目的。近些年，天津市依托本地丰富的自然资源和良好的生态环境，如蓟州区丰富的森林生态资源和静海区、东丽区、滨海新区的湖泊湿地资源等，深挖其生态气候资源优势，开展徒步爬山、森林漫步、森林禅修、休闲观光、鸟类观测等生态康养活动，让游客享受到绿水青山带来的生态福利，实现增益身心健康的消费目的。特别值得一提的是，蓟州区以九龙山森林公园的国家森林康养基地为核心，与梨木台景区、车神架景区、郭家沟景区、盘山风景区联合发挥协同作用，形成了森林康养旅游群落，充分发挥了蓝天碧水、空气清新的生态资源优势，打造了京津冀生态康养旅游基地。

2. 文化康养旅游产品

文化康养主要是以当地特色文化满足游客的心灵需求，以文化熏陶的形式来促进游客身心愉悦，以文养心，从而达到健康目的。天津是一座具有600多年历史的文化名城，其文化底蕴深厚，拥有着众多珍贵历史文化遗迹和丰富多彩的非物质文化遗产。在历史文化遗迹方面，天津市区既保留着宫、阁、文庙、会馆、禅院等中国传统建筑和文物遗址，还有西洋建筑群、名人故居、以及现代博物馆等。在非物质文化遗产方面，最为著名的就是天津的民间艺术"天津三绝",即泥人张彩塑、杨柳青木版年画、魏记风筝。泥人张彩塑以其精美的泥塑艺术闻名于世,杨柳青木版年画以其传统的年画和剪纸艺术著称,魏记风筝则以其制作的风筝技艺精湛而闻名。此外,天津还有着独特的方言和民俗文化,如蛋壳雕、葫芦烙画、糖画、结艺等民间文化造型艺术形式以及相声、快板、大鼓、斫制古琴等民间语言艺术形式。近些年,天津基于这些历史、民俗、宗教、名人等文化资源,结合旅游市场需求及现代生活方式,运用创意化的手段,打造出了满足游客文化精神层面追求的杨柳青古镇、古文化街、石家大院、天津博物馆、李叔同故居、梁启超纪念馆、大悲院等文化康养旅游产品,使游客在获得文化体验的同时,还能够修身养性、回归本心、陶冶情操。

3. 运动康养旅游产品

随着我国亚健康人群日趋增多,健康问题逐渐得到人们的重视,运动康养旅游产品也如雨后春笋般涌现。运动康养旅游是运动与医学、旅游三个产业相融合发展的新业态,旨在促使游客通过休闲活动、体育项目和康复训练等手段达到强身健体、娱乐休闲的目的。传统体育运动产业通过与"康养"的渗透、延伸和重组,形成了"运动 + 康养"的产业模式,它更多地强调运动的社会性、广泛性和全民性,满足人民群众日益增长的运动需求。天津是一座多项体育运动在国内率先兴起的城市,领跑近代体育,创中国近现代体育史多个第一。目前,体育产业已经成为天津重要的特色产业之一,并且已经打造出了一批广受游客欢迎的体育旅游产品。天津市结合都市风情、滨海休闲、乡村田园等特色文旅资源,已开发出了以运动参与或体育赛事观赏为主要内容的康养旅游项目,拓展了体育旅游产品的形式和内容[2]。近些年,天津市还根据"旅游 + 体育"的新思路,打造了一些"运动 + 康养"的特色旅游产品,如以静海区为中心发展运动体育康养旅游,2020 年静海区推进建立了中日(天津)健康产业发展合作示范区,建设打造国际化大健康产业创新高地,充分利用"行走的大运河""团泊湖半程马拉松"等体育运动休闲项目,搭建文旅体教综合服务平台，"运河风光游"旅游线路入选全国乡村旅游精品线路；以蓟州区为中心发展休闲健身康养旅游，建设登山步道、多功能运动场、健身中心，打造"医、养、健、学、研、游"六位一体的康养产业格局。

4. 田园康养旅游产品

随着乡村振兴的持续推进和健康理念的兴起，唤醒了生活在城市的人群对田园康养旅游的需求。田园康养旅游主要是依托于乡村地区的良好生态环境与养生文化，以田园为旅游活动空间，以农业生产、农事参与、农活体验为主要活动内容，以农业生产和农村经济发展为核心目标，进行回归田园、享受健康餐饮、修身养性、休闲娱乐、养生度假、康复疗养、颐养天年的一种旅游活动方式。近些年，天津市以农文旅融合为发展思路，结合乡村振兴国家战略，以乡村旅游为基础，打造了多个乡村旅游田园康养特色文旅综合体，如西青区大柳滩村、静海县北二堡村、蓟州区下营镇青山岭村、宁河区木头窝村等。这些田园综合体充分发挥农业资源和旅游资源优势，发展都市型休闲农业和乡村旅游，促进天津市的文化、乡土等要素与康养旅游融合，开展骑行、野炊、农家乐、采摘节等特色活动，将乡村的闲置民宅改造成"养眼、养身、养颜、养心"的特色民宿，不仅能满足康养游客食宿方面的基本需求，还能主动提供健康筛查和康复理疗等方面的服务。

5. 中医药康养旅游产品

中医药康养旅游产品主要是以中医学、营养学、心理学等理论知识为指导，结合人体生理行为特征进行的以药食同源、中医治疗、中药调理等为主要养生手段，配合一定的休闲活动进行的康复养生旅游产品，如针灸、按摩、拔罐、推拿、太极拳、八段锦等。天津中医药产业始于明清时期，到民国时期已初具规模，较为知名的有隆顺榕、达仁堂、乐仁堂等制药企业。新中国成立后，整合建立了天津中药制药厂，并研发出藿香正气水、银翘解毒片等，引领全国中药现代化的先驱。20 世纪 90 年代，地方药厂与军队医院合建的天士力公司，进一步壮大了天津中药产业的力量。近些年，天津市文化和旅游局整合康养旅游资源，把传统中医药文化和现代康养产业结合起来，搭建了一批具有较强产业带动能力的健康产业集聚平台。例如，扶持"津沽"中医药文化项目申报非物质文化遗产、天士力和乐家老铺沽上药酒工坊、中日（天津）健康产业发展合作示范区等申报国家中医药健康旅游示范基地，深入挖掘中医药文化资源，开发了系列中医药康养旅游产品。

6. 温泉康养旅游产品

温泉对人的身体具有温热作用、静水压作用、浮力作用和药理作用等，可以达到通经活络、消除疲劳、加快新陈代谢、祛湿除寒、增强免疫力等保健功效。温泉康养产品主要以温泉为载体，利用温泉体验、健康咨询、运动健身、营养膳食、健康教育、修身养性、文化活动、亲近自然、关爱环境等各种有利于健康的综合手段，以保持和促进游客在身体、心智和精神上的平衡与良好状态的各种温泉旅游活动的总和。随着人们生活方式转变、健康意识不断增强、年假制度的完善、雾霾天气等因素的影响，温泉康养旅游产品得到了越来越多游客的关注，也逐渐成为天津旅游市场的开发热点之一。目前，天津知名的温泉康养目的地有龙达温泉生态城、仁爱团泊湖温泉中心、帝景温泉度假村、社会山嘉佑温泉等。根据自然资源部公布的首批"中国温泉之乡（城、都）"的评选结果，天津市以其丰富的地热资源储量和开发利用成果，获得首批"中国温泉之都"的荣誉称号。

二、天津康养旅游产品体验质量评价

（一）研究设计

1. 指标体系构建

2016 年国家旅游局（现国家文化和旅游部）颁布了《国家康养旅游示范基地标准》（LB/T 051-2016）（以下简称《标准》）[3]，这一标准旨在规范和提升我国康养旅游示范基地的建设和发展水平，以满足人们日益增长的康养旅游需求。《标准》确定了示范基地的环境、旅游经济水平、无障碍设施、产业联动融合、旅游服务管理五个方面的基本要求。为了进一步明确康养旅游示范基地的划分和管理，《标准》进一步将康养旅游示范基地分为核心区和依托区两个区域，核心区的基本要求主要包括资源与环境、产品与服务和服务质量三个方面，依托区基本要求由旅游接待设施与服务和公共服务两个方面组成。《标准》的颁布为国家康养旅游示范基地建设和康养旅游产品开发制定了统一的规范，也为后续的质量评价提供了依据。

旅游体验是旅游个体通过与外界取得联系从而改变并调整其心理状态的过程[4]。旅游者体验评价是旅游者在旅游各阶段中逐渐形成对旅游产品各方面体验性的总体评价，本文对康养旅游产品体验质量评价的研究则是建立在游客感知的基础之上的，测量游客对旅游产品本身的感知和整个旅游体验的总体感知。从目前已有的学术文献来看，绝大多数国内学者都是参考已有文献和相关书籍，结合研究地区的特点和自身旅游从业经历，运用文本分析法、德尔菲法、层次分析法等来构建康养旅游产品体验质量评价体系。例如，沈万年根据满意度评价指标建立的原则和康养旅游本身的特点构建出资源条件、康养功能、公共配套、产品开发、效果感知五大维度指标评价老年旅游者对黄山康养旅游的满意度[5]；刘照结合旅游偏好理论将产品类型、产品营销、产品设施和产品服务共同纳入江西森林康养旅游产品质量评价体系中[6]；邓锦辉以武当山游客评论和游记为数据来源，分析得出武当山太极湖景区的感知形象，包括康养资源、康养环境、康养体验、基础设施和服务四个方面[7]。目前，国内还未形成统一认可的康养旅游产品质量划分维度，还处于初步探索、零散发展的阶段，而国外康养旅游评价研究发展较早，有一定的统一性，主要从景观、设施、社会文化、活动等四个属性开展定量研究[8]。无论是国内还是国外，资源、设施和产品活动都是旅游体验评价的重要维度，而康养功能或效果的感知是区分康养旅游和其他形式旅游的重要因素，虽然学者们在这一方面未形成统一的划分标准，但他们都已将康养旅游的特殊性融入评价体系中进行研究。

本研究以《标准》中提出的康养旅游示范基地基本要求为基础，从游客视角出发，结合不同学者在康养旅游游客感知、满意度方面等的各要素来构建康养旅游产品体验质量评价指标，最终确定了资源环境、旅游产品服务、康养功能实现、配套设施4个一级指标和17个二级指标，具体如表2所示。因《标准》中强调了一系列环境质量标准、卫生标准和污染控制标准，康养旅游者也更重视健康的生活理念和生活方式，所以将评价体系中"环境质量"作为评价康养旅游目的地资源环境的重要指标之一；康养旅游可通过风景观赏、休闲度假、文化娱乐、养生养老、医学治疗、康体健身等多种形式表现，与观光、度假、体育旅游等其他旅游业态联动，也会涉及医疗、养老、农业、工业等其他行业，因此将"产业融合"作为评价康养旅游目的地旅游产品服务的重要指标之一；游客参加康养旅游有不同的目的，康养功能的实现是游客区别康养旅游和其他形式旅游的重要评判标准，也是游客评价康养旅游产品体验是否满意的重要指标，因此本研究根据天津康养旅游资源和产品类型将康养功能分为"疗养保健""生态旅居""文化体验""休闲享乐"四类并纳入评价体系中。

表2　康养旅游产品体验质量评价指标

一级指标	二级指标
资源环境	A1 自然资源：与养生相关、有一定知名度的自然资源 A2 人文资源：与养生相关、有一定知名度的人文资源 A3 环境质量：空气、水、声音、土壤等环境质量以及垃圾污水处理效率
旅游产品服务	B1 路线设计：康养旅游线路设计布局合理、丰富多样，满足不同游客的差异化需求 B2 产品特色：主题鲜明、趣味性强、具有当地特色的康养旅游产品 B3 价格设置：康养各类产品和活动价格的适用性 B4 人员安排：数量充足、专业性强、态度亲切的康养旅游服务从业人员 B5 整体布局：形成疗养保健、生态旅居、养生养老、休闲享乐等多功能集中性场所 B6 产业融合：与观光、度假、体育旅游等旅游业态联动，与医疗、养老等产业融合

续表

一级指标	二级指标
康养功能实现	C1 疗养保健：温泉、SPA、中医、药膳、食疗、美容等 C2 生态旅居：自然观光、户外拓展、山特养生等 C3 文化体验：坐禅、宗教、茶道、民俗等 C4 休闲享乐：康养住宿、康养饮食、度假休闲等
配套设施	D1 接待设施：数量充足、档次合理的康养住宿、餐饮和休闲设施 D2 交通设施：对外可进入性强、对内便利便捷的交通设施 D3 信息设施：数量充足、位置合理的信息咨询平台和预约、提示和导引的系统设施 D4 安全保障设施：具备应急处理、急救护理、安全预警等功能的安全保障设施

2. 问卷设计与分析方法

本研究通过对相关政策和文献的梳理，构建了康养旅游产品体验评价指标，在此基础上通过问卷设计来调查天津康养旅游的产品体验质量。问卷共设置了三个部分。第一部分为天津康养旅游消费行为调查，共 6 个问题，对旅游者的游前、游中、游后行为进行统计；第二部分为天津康养旅游体验的重要性与满意度调查，共 34 个问题，采用 5 分制李克特量表分别对天津康养旅游的资源环境、旅游产品服务、康养功能实现、配套设施等 4 个维度下各具体指标的重要性和满意度进行调查；第三部分为个人基本信息，共 5 个问题，方便后期对被访者进行人口统计学分析。在对收集到的数据进行筛选和预处理后，使用 SPSS 统计软件对数据进行信效度分析、人口统计学分析、行为特征描述性分析、重要性和满意度的配对样本 T 检验以及 IPA 模型分析，并进行相关解释和说明，最终对天津康养旅游产品体验质量进行整体评价并提出提升路径。

（二）数据收集

本研究在正式的问卷调查前进行了小范围的预调查，根据预调查的结果以及旅游同行们的建议对问卷进行了修正与完善，最终得到正式问卷。正式的问卷调查主要通过问卷星进行线上发放，并于 2023 年 10 月 17 日至 2023 年 10 月 24 日开展，主要面向近两年在天津体验过康养旅游的游客。最终回收有效问卷 233 份，其中，近两年有在天津体验过康养旅游的（包括参加不同类型的康养活动、游览康养景区等）有 158 人，占比 67.81%，未体验的有 75 人，占比 32.19%。以下数据分析主要围绕有过体验的游客数据部分展开。

（三）数据分析

1. 信效度分析

信度分析指的是通过采取同样的方法对同一对象重复进行测量所得结果相一致的程度来考查问卷测量的可靠程度，Cronbach's α 系数是常用的信度检验的方法，该系数值越高则信度越高，问卷就越可靠。本研究涉及的问卷量表信度具体如表 3 所示，天津康养旅游产品体验评价的资源环境、旅游产品服务、康养功能实现、配套设施等四个维度的 Cronbach's α 系数分别为 0.76、0.854、0.817、0.824，说明资源环境的信度可接受，其余三个维度的信度较高；重要性、满意度以及整体量表信度分别为 0.911、0.951、0.945，均高于 0.9，说明问卷数据的信度非常可靠。

表 3　问卷信度分析结果

项目	项数	样本数	Cronbach's α 系数	标准化 Cronbach's α 系数
资源环境	6	158	0.76	0.766
旅游产品服务	12	158	0.854	0.855
康养功能实现	8	158	0.817	0.821
配套设施	8	158	0.824	0.824
重要性	17	158	0.911	0.912
满意度	17	158	0.951	0.951
整体量表	34	158	0.945	0.946

效度即有效性，效度分析是指测量以某种方式和途径进行调查的结果与实际情况的吻合程度，吻合程度越高则效度越高。本研究采用 KMO 和 Bartlett

的检验进行效度分析，KMO 指数统计量在 0.8 以上代表效度很好，适合因子分析；Bartlett 球形度检验中若显著性小于 0.05，则可以做因子分析。问卷效度结果如表 4 所示，重要性和满意度的 KMO 值分别为 0.887 和 0.941，均大于 0.8；而 Bartlett 球形检验值分别为 1215.753 和 1812.563，且都通过了显著性检验。

表 4　问卷信度分析结果

项目	KMO 值	Bartlett 球形度检验	P 值
重要性	0.887	1215.753	0.000***
满意度	0.941	1812.563	0.000***

注：***、**、* 分别代表 1%、5%、10% 的显著性水平。

2. 人口统计学分析

从被访者的男女比例来看（见表 5），男性被访者占 36.709%，女性被访者占 63.291%，呈现出女多男少的现象，可能是女性对康养旅游的需求更大，更愿意表达在天津市进行康养旅游的体验。

从被访者的年龄分布来看（见表 5），填写本次问卷的群体以 19~35 岁的中青年为主，占到 67.088%，超过被访者的半数，这与天津日报中"90 后"成为天津旅游绝对主力的报道相一致。这也从侧面反映出天津市较高知名度和较高品质的康养景区多在蓟州区的森林生态康养旅游群落，对老年人及儿童的体力要求较高、吸引力较低。此外，采用单一的线上收集问卷也对被访者的年龄分布产生一定影响。

被访者学历为高中或中专的占比 6.962%，本科或大专学历占比 52.532%，硕士及以上学历占比 40.51%，受教育程度普遍较高，这说明人们的受教育程度越高，则对自己的身体、心智和精神追求关注越多，对康养旅游的接受度就更高。

被访者中各类职业几乎都有涉及，其中以在读学生、企业员工和事业单位职员为主，这表明康养旅游受众范围较广，能够收获各个行业的喜欢。

被访者中月收入或每月可支配金额数在 3000 元及以下的样本占 39.241%，这受到样本中学生数量多的影响；8001~10000 元的样本占比 19.62%，这表明来天津参加康养旅游的游客消费潜力较大。

表 5　被访者人口统计学分析

名称	选项	频数	百分比（%）
性别	男	58	36.709
	女	100	63.291
年龄	18 岁及以下	4	2.532
	19~25 岁	71	44.937
	26~35 岁	35	22.152
	36~45 岁	23	14.557
	46~55 岁	17	10.759
	56~65 岁	2	1.266
	65 岁以上	6	3.797
学历	初中及以下	0	0
	高中或中专	11	6.962
	本科或大专	83	52.532
	硕士及以上	64	40.506
职业	在读学生	67	42.405
	事业单位职员	32	20.253
	企业员工	34	21.519
	工人	1	0.633
	农户	2	1.266
	个体经营	4	2.532
	家庭主妇	0	0
	自由职业者	9	5.696
	离退休人员	7	4.43
	其他	2	1.266

续表

名称	选项	频数	百分比（%）
月收入或每月可支配金额	3000 元及以下	62	39.241
	3001~5000 元	19	12.025
	5001~8000 元	28	17.722
	8001~10000 元	31	19.62
	10000 元以上	18	11.392

3. 行为特征描述性分析

在陪同人员上（见表6），超过半数的被访者更倾向于和家人亲戚一起来天津开展康养旅游，其次希望朋友陪伴的占比36.709%，较少人选择独自出行或与团友驴友一起出行。这与途牛旅游网等旅游平台数据分析发现的现象相一致，不少用户愿意与父母一起开展康养之旅，还有一些青年人被康养旅游的创新玩法所吸引，愿意通过康养旅游与朋友一起解压休闲[9]。

表6　陪同人员统计

名称	选项	频数	百分比（%）
陪同人员	家人亲戚	86	54.43
	朋友	58	36.709
	团友驴友	5	3.165
	独自出行	9	5.696

在获取信息来源上（见表7），62.03%和50%的被访者表示自己是从社交平台、旅游网站或App上来了解天津康养旅游景区和产品信息的，旅游信息化的发展使其成为旅游者获取旅游信息的主要途径。其次46.84%的被访者是通过亲友介绍来获取信息的。来自社区或其他机构组织、广播电视、书刊报纸杂志、旅行社等其他传统媒介的信息获取占比较小。

表 7　信息来源统计

名称	选项	频数	百分比（%）
信息来源	社区或其他机构组织	22	13.92
	广播电视	16	10.13
	书刊报纸杂志	16	10.13
	亲友介绍	74	46.84
	旅行社	20	12.66
	旅游网站或 App	79	50
	社交平台	98	62.03
	其他	0	0

在被访者在天津开展康养旅游的主要目的统计中（见表 8），以休闲享乐为目的的游客达到 110 人，占比 69.62%，这说明不少被访者更重视康养旅途中给他们带来放松和解压的感觉。天津的文化体验和生态旅居也吸引着一部分人们来此开展康养旅游，以疗养保健等为主要旅游目的的人们占比较小，未来天津康养旅游发展应适当提高文化体验、生态旅居、疗养保健等景区或产品的吸引力。

表 8　旅游目的统计

名称	选项	频数	百分比（%）
旅游目的	疗养保健	11	6.962
	生态旅居	15	9.494
	文化体验	22	13.924
	休闲享乐	110	69.62
	其他	0	0

在旅游最大支出统计方面（见表 9），康养旅途中被访者最大的三项支出为住宿、饮食和交通，这与传统的旅游消费支出结构没有太大差异，在康养

产品购买 / 服务体验方面的支出仅占比 26.58%，天津康养旅游市场中康养产品与服务项目具有较大的发展潜力。

表 9 旅游最大支出统计

名称	选项	频数	百分比（%）
最大支出	饮食	80	50.63
	住宿	128	81.01
	交通	76	48.1
	景点门票	36	22.78
	康养产品购买 / 服务体验	42	26.58
	其他娱乐活动	10	6.33

通过出游天数统计发现（见表 10），被访者在天津进行康养旅游的时间为 2~3 天的频数最多，所占百分比为 61.392%，其次为 1 天及以内，所占百分比为 22.152%，出游时间在 4~7 天和 8 天及以上的人数占比分别为 12.025% 和 4.43%。由此看出游客们在天津开展康养旅游时不太愿意做太长时间的旅游计划，希望通过两至三日的行程来进行休闲享乐和解压放松。

表 10 出游天数统计

名称	选项	频数	百分比（%）
出游天数	1 天及以内	35	22.152
	2~3 天	97	61.392
	4~7 天	19	12.025
	8 天及以上	7	4.43

在重游意愿方面（见表 11），有 39.241% 和 45.57% 的被访者表示非常愿意或者有机会就再次来天津参加康养旅游，14.557% 的被访者不确定后续是否会再次参加康养旅游，有 0.633% 的被访者表示不会再参加康养旅游。总的来看，大部分人对康养旅游的重游意愿较高。

表 11 重游意愿统计

名称	选项	频数	百分比（%）
重游意愿	非常愿意	62	39.241
	有机会就去	72	45.57
	不确定	23	14.557
	不会再参加	1	0.633

4. 重要性和满意度配对样本 T 检验

配对样本 T 检验是用于检验配对样本数据的均值是否存在显著性差异的。本研究对天津康养旅游游客体验的重要性和满意度进行测量，通过配对样本 T 检验可以判断各项指标的重要性和满意度之间是否有明显的差异，具体结果如表 12 所示。

结果表明，共有 14 项评价指标的配对结果表现出显著差异性，占总评价指标的 82.35%，其中 12 项评价指标在 1% 的水平上显著，2 项评价指标在 10% 的水平上显著。这说明游客在天津康养旅游的大部分指标感知上的重要性和满意度都存在显著差异，而且重要性的均值都超过了满意度的均值，游客对天津康养旅游的期望程度要高于满意程度。有 3 项评价指标的配对结果未表现出明显的差异性，分别是人文资源、产业融合和文化体验。人文资源重要性的均值甚至要低于其满意度的均值，这反映出游客在天津康养旅游的过程中对文化养生的关注度不高。Cohen's d 值表示差异效应量，对比来看，产品特色、生态旅居、人员安排等指标差异幅度较大。

表 12 配对样本 T 检验分析结果

评价指标	平均值 ± 标准差			t 值	df	P 值	Cohen's d 值
	重要性	满意度	差值（重要性 − 满意度）				
A1 自然资源	3.741 ± 0.939	3.494 ± 0.887	0.247 ± 0.052	2.753	157	0.007***	0.219

续表

评价指标	平均值 ± 标准差			t 值	df	P 值	Cohen's d 值
	重要性	满意度	差值（重要性－满意度）				
A2 人文资源	3.392 ± 1.021	3.519 ± 0.962	−0.127 ± 0.059	−1.531	157	0.128	0.122
A3 环境质量	4.013 ± 1.059	3.614 ± 0.858	0.399 ± 0.201	4.124	157	0.000***	0.328
B1 路线设计	3.918 ± 0.951	3.506 ± 0.804	0.411 ± 0.147	4.556	157	0.000***	0.362
B2 产品特色	3.899 ± 0.918	3.316 ± 0.882	0.582 ± 0.036	6.383	157	0.000***	0.508
B3 价格设置	3.778 ± 0.928	3.519 ± 0.872	0.259 ± 0.056	2.917	157	0.004***	0.232
B4 人员安排	3.861 ± 1.037	3.342 ± 0.894	0.519 ± 0.143	5.468	157	0.000***	0.435
B5 整体布局	3.703 ± 0.934	3.411 ± 0.965	0.291 ± −0.031	3.221	157	0.002***	0.256
B6 产业融合	3.57 ± 1.031	3.411 ± 0.978	0.158 ± 0.052	1.647	157	0.102	0.131
C1 疗养保健	3.665 ± 1.056	3.468 ± 0.962	0.196 ± 0.094	1.906	157	0.059*	0.152
C2 生态旅居	3.994 ± 0.892	3.538 ± 0.928	0.456 ± −0.036	5.799	157	0.000***	0.461
C3 文化体验	3.494 ± 1.039	3.437 ± 0.94	0.057 ± 0.099	0.61	157	0.543	0.049
C4 休闲享乐	3.861 ± 0.906	3.703 ± 0.871	0.158 ± 0.036	1.928	157	0.056*	0.153
D1 接待设施	3.892 ± 0.864	3.652 ± 0.923	0.241 ± −0.059	2.742	157	0.007***	0.218
D2 交通设施	4.07 ± 0.853	3.57 ± 0.926	0.5 ± −0.073	5.782	157	0.000***	0.46
D3 信息设施	3.892 ± 0.928	3.487 ± 0.969	0.405 ± −0.041	4.488	157	0.000***	0.357
D4 安全保障设施	3.975 ± 0.957	3.633 ± 0.898	0.342 ± 0.059	3.65	157	0.000***	0.29

注：***、**、*分别代表 1%、5%、10% 的显著性水平。

5. IPA 模型分析

本研究将重要性评价数据和满意度评价数据分别设为横坐标轴和纵坐标轴。根据各评价指标的重要性均值 3.88、满意度均值 3.51 划分出四个象限，分别代表不同的区域："优势保持区""现状维持区""低优发展区""重点改进区"。再将调查所得到的天津市康养旅游的 17 项影响指标映射到 IPA 方格象限中，具体如图 1 所示。

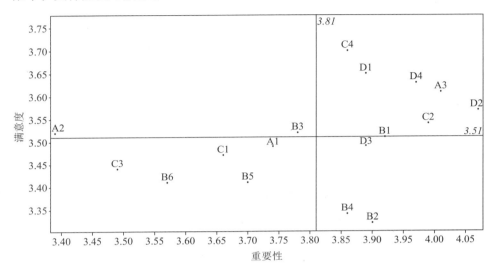

图 1　天津康养旅游 IPA 模型分析

从各项评价指标的均值上看，康养旅游的重要性均值在 3.392~4.07，这说明游客对天津市康养旅游各项体验质量的重要性感知存在差异。游客期望最高的是交通设施，最看重的是可进入性强、交通的便捷性，期望最小的是人文资源，再次印证了游客对天津康养相关的人文资源的不重视。康养旅游的满意度均值在 3.316~3.703，处于一般和满意之间。其中，游客最满意的是天津康养旅游休闲享乐功能的实现，最不满意的是天津当地康养产品的独特性和趣味性。重要性总体均值 3.88 高于满意度总体均值 3.51，进一步说明天津市康养旅游的开发还有很大进步空间。

从各项评价指标的象限分布上看，第一象限"优势保持区"有环境质量、生态旅居、休闲享乐、接待设施、交通设施、安全保障设施共 6 个指标，这是天津市发展康养旅游的核心竞争力。虽然游客对这 6 项体验质量的满意度较高，但仍与其重要性存在一定差距，需要继续保持并进一步提升服务质量。第二象限"现状维持区"有人文资源、价格设置共 2 个指标，游客认为其重要性较低而满意度较高。虽然天津有着丰富的人文资源，但对想要体验康养旅游的游客来说不会特别重要，在价格设置方面，康养游客消费潜力较大，对价格敏感度较低，这些方面可以选择继续保持，有限情况下可不做调整。第三象限"低优发展区"有自然资源、整体布局、产业融合、疗养保健、文化体验共 5 个指标，游客感知的重要性和满意度均比较低并存在一定差距，应在优先提升其他体验质量的前提下尽可能考虑该象限内的提升需求。第四象限"重点改进区"有路线设计、产品特色、人员安排、信息设施共 4 个指标，相较于量表中的其他指标而言，这些是天津市发展康养旅游的主要短板，游客有高期望但感到不满意。主题鲜明、丰富多样、专业度高的康养旅游产品服务是未来提升天津康养旅游产品体验质量的重中之重。

（四）分析结论

本研究通过天津康养旅游消费行为调查和旅游体验重要性与满意度调查对天津市康养旅游产品体验质量进行研究，结果表明：

第一，通过问卷调查数据的描述性统计发现，很多游客对天津康养旅游认识不足，对天津康养旅游资源和产品了解不足，对康养旅游的目的和方式认识不清。天津康养旅游游客女性多于男性，年龄以中青年为主，文化水平普遍较高，工作分布在各行各业，收入水平主要为社会中等收入水平。大部分游客更倾向于和家人朋友一起来天津参加康养旅游，通过社交平台、旅游网站 /App 和亲友介绍获取康养信息，游客的旅游目的主要是休闲享乐，多选择出游 2~3 天，重游意愿也较高。康养旅游中花费最多的是住宿、饮食和交通三个方面，康养产品与服务项目消费具有较大的发展潜力。

第二，从重要性和满意度配对样本 T 检验结果来看，游客对天津康养旅游产品体验质量评价的重要性和满意度感知之间存在显著差异，且重要性的均值基本超过了满意度的均值，游客对天津康养旅游的期望程度要高于满意程度。

第三，从 IPA 模型分析结果来看，游客对天津市康养旅游各项体验质量的重要性感知存在差异，期望最大的是交通设施，期望最小的是人文资源；各项体验质量的满意度感知存在差异，最满意的是休闲享乐功能的实现，最不满意的是康养产品特色。天津康养旅游产品体验质量的提升存在优先级顺序差异，第四象限的路线设计、产品特色、人员安排、信息设施 4 个质量要素需重点加强改进，第一象限的环境质量、生态旅居、休闲享乐、接待设施、交通设施、安全保障设施 6 个质量要素应继续保持，第三象限的自然资源、整体布局、产业融合、疗养保健、文化体验 5 个质量要素是后续发展方向，第二象限的人文资源和价格设置可以暂时不做调整、控制投入。

三、天津康养旅游产品体验质量提升路径

根据上述的分析可知，天津在康养旅游发展方面具有一些优势，如丰富的自然资源、历史文化资源、乡村资源以及传统医药资源，而且近些年天津各级政府和相关行业在贯彻落实"健康中国"国家战略的同时，开发了多种类型的康养旅游产品，在康养旅游产业发展方面取得了一定的成就。但天津康养旅游业仍处于初级发展阶段，存在未形成一个整体化的康养旅游产品体系、游客停留时间较短、消费潜力有待挖掘、游客满意度不高、康养旅游品牌和效应不明显等问题。针对研究发现的问题，本研究对天津康养旅游产业发展提出一些针对性的建议。

（一）完善天津康养旅游产品谱系开发

从问卷调查数据分析结果来看，目前天津康养旅游产品侧重于森林生态康养型，对老年人及儿童的体力要求较高，对于文化型、运动型、田园型和中医药型康养旅游不够重视。鉴于此，天津各级政府和旅游企业应针对不同

细分市场的游客群体对康养旅游诉求的不同，着眼于服务人的整个生命周期，着眼多层次、多样化和多维度需求，努力拓展康养旅游产业的包容性和延伸性，打造出适合不同收入阶层、不同年龄段群体的将康体、养生、养老、休闲、医疗、文化等多元化功能融合的康养旅游产品谱系。一般而言，针对老年游客市场群体，康养旅游产品需求往往偏重于医疗、延年益寿、修复保健、养老休闲等，因此应为其开发中医药型、温泉型、田园型康养旅游产品；针对儿童游客市场群体，康养旅游产品的需求则往往侧重于强身健体、文化熏陶、田园生活体验等项目，所以应为其开发运动型、文化型和田园型康养旅游产品；针对年轻游客群体，康养旅游产品可以侧重于骑行、高空攀岩、定向越野、马拉松、露营等体育休闲类康养旅游项目；针对工作压力巨大、亚健康问题突出的中年游客群体，可依托天津特色中药材、山野食材、海产品等资源，开发健康理疗、生态 SPA 和养生膳食等田园康养旅游产品。另外，康养不等于养老，随着市场消费需求的精细化，除了老年群体，以医疗康复为目的的疾病人群、以养生保健为目的的中年人群、以美容美体为目的的健身人群、以追求高质量服务为目的的妇孕婴幼人群，也成为康养产业新兴的消费群体。

（二）加强地域联动，实现康养旅游全局发展

从产品开发现状分析来看，天津各区县的康养旅游资源没有得到充分的整合和利用，康养旅游产品有效供给不足，各区县地域联动性差，未形成规模效益。因此，天津康养旅游产品在空间上要连接起来，跳出孤立发展的思维模式，根据各区县的康养资源特点设计多条特色康养旅游线路，做好各区县的康养产品自然衔接，将各区县的康养旅游景区合理地串联起来，努力做到处处是景、处处可养、处处可留。要做到全域康养旅游，仅仅靠景区是不够的，需要各级政府相关部门积极协调配合，对天津市的康养旅游产品进行全面梳理，明确各区县的特色和优势，制定统一的规划和标准，确保各区县

的康养旅游资源和产品在发展过程中能够衔接起来，形成一个完整的产业链，通过政策扶持、产业引导、企业参与等多种方式，推动康养旅游产业的发展。同时积极探索康养"旅游+"，联合工业、农业、体育等相关产业，开发多个系列的康养旅游产品，实现产业互补和共赢发展。例如，将康养旅游与传统工业结合，发展特色康养线路，推动转型变革；与现代农业相结合，发展乡村旅游；与体育产业相结合，打造体育康复基地；与医疗产业相结合，打造高端康养社区等。

（三）加强各个要素整合，促进康养旅游产业可持续发展

从 IPA 模型分析结果可看出，游客期望最大的是交通设施，最不满意的是天津当地康养产品的独特性，需要重点改进的是信息设施等方面。康养旅游产品配套环境建设主要有基础设施配套、商业模式配套、休闲活动等。只有不断加大旅游基础设施建设力度，不断完善配套商业服务设施，最大限度地为游客提供个性化的休闲活动、人性化的服务和足够的便利，才能吸引康养旅游消费群体。因此，一方面，天津市要科学布局康养旅游产业，为天津康养旅游产业提供更多有利资源和配套设施。对各康养类景区的现有旅游设施进行改造升级，改善各康养旅游目的地的内外交通条件，积极引进康养医疗技术和智能化康养系统等高科技项目，改善康养食宿条件和医疗水平等整体环境。另一方面，应注重将特色文化元素融入创新型康养旅游产品的开发之中，增加天津康养旅游产品的特色。例如，在开发天津中医药康养旅游产品时，最终的康养旅游产品中除了突出对天津市某乡村地区的中医药自然资源的利用，还应将该地区特色中医药文化融入康养旅游产品中，从而使中医药康养旅游产品可实现身体、思想和精神三个方面的平衡。

（四）加强天津康养旅游产品营销推广，努力塑造康养旅游品牌

从数据收集的过程来看，许多被访者认为自己没有体验过天津康养旅游

产品，由此可见目前游客市场对天津康养旅游产品的认识不够充分。基于此，天津市要利用微博、微信、支付宝等平台多渠道宣传推广，利用新、旧媒体以及节庆活动等多种营销手段，强调康养资源特色与体验效果，优化整合营销内容，喊出响亮口号，全面构筑天津康养旅游产品营销体系。同时，培育一批医疗、食疗养生旅游品牌，可结合天津丰富的自然资源、人文特色，突出中医药优势，提升知名度和国际影响力。天津市可以着力打造一批实力雄厚和技术先进的康养旅游示范产品，用品质赢得口碑，用口碑塑造品牌，从而带动天津康养旅游产业迈向高质量发展。

总之，天津康养旅游正在迅速发展，借助丰富多样的旅游资源和不断创新的旅游发展策略，将为游客提供更加丰富和优质的旅游体验。在未来的发展中，需要充分发挥天津自然资源、历史文化、乡村、中医药等方面的优势，把握政策机遇，加强与周边北京、河北的合作，提升服务质量，打造区域特色品牌，推动康养旅游业的快速发展。在顶层规划方面，需要加强政策制定和落地实施，确保规划的科学性和可行性。此外，也需要注重文化差异，保护和传承地方文化，让游客在康养旅游中感受到天津的独特魅力。

参考文献

［1］张鑫.2023年中国康养旅游行业发展现状及前景展望，市场需求逐渐多样化［EB/OL］.2021. https://www.huaon.com/channel/trend/881307.html.
［2］朱雅萌，赵果巍.基于全域旅游的天津体旅产业融合发展研究［J］.文体用品与科技，2023（12）：64-66.
［3］国家文化和旅游部.旅游行业标准LB/T 051-2016国家康养旅游示范基地，https://zwgk.mct.gov.cn/zfxxgkml/hybz/202012/t20201224_920050.html.
［4］陈安泽.旅游地学大辞典［D］，北京：科学出版社，2013.
［5］沈万年.基于IPA分析的黄山市康养旅游满意度研究［D］.南宁：广西大学，2018.
［6］刘照.基于游客偏好的江西森林康养旅游产品体系构建研究［D］.南昌：江西农业大学，2020.
［7］邓锦辉，汪清蓉，孙丽.基于网络文本的武当山康养旅游目的地感知形象分析［J］.

当代旅游，2022，20（6）：23-25，114.

［8］张沛洋.山东省老年康养旅游体验满意度评价与策略研究［D］.兰州：西北师范大学，2023.

［9］人民网.康养旅游为幸福生活加码［EB/OL］.2022. https://baijiahao. baidu.com/s?id=17 26950146997820475&wfr=spider&for=pc.

提炼康养旅游"浙江经验"铸造"重要窗口"引领世界康养潮流

张跃西 [①]

养生旅游（Ysntourism）是集养生文化、养生产业和生态旅游于一体的一种体验式旅游形式。它与国际上近些年来所提倡的健康旅游和医疗旅游有着重要区别。养生旅游更注重卫生的源头、过程和主动预防；健康医疗旅游重视卫生的结果、补救和被动治疗。从一定意义上来说，养生旅游可以涵盖健康旅游和医疗旅游。因此，养生旅游是生态旅游和休闲旅游的创新与发展，它对于当前应对国际金融危机增加有效供给，丰富旅游产品完善产业结构，创新生态产业推进循环经济，提升生活品质建设和谐社会等都具有重大的战略意义。

一、浙江康养旅游创新发展成就显著

浙江省康养旅游的最新发展趋势是积极打造"浙里康养"标志性成果，并注重康养文旅创新性发展。在产品方面，除了利用浙江丰富的生态、中医药和温泉等资源优势，打造出高品质的中医药养生、温泉度假、天然氧吧、

① 张跃西，博士，浙江外国语学院文化和旅游学院教授，重要窗口研究所所长，水利部水利风景区专家委员会委员，中国生态学学会旅游生态专业委员会委员及中国生态文明科普委员会委员，研究方向为康养旅游、区域发展战略及发明研学。

森林氧吧等绿色康养旅游产品外，还进一步推出了乡村康养、森林康养、海洋康养、湿地康养、滨湖康养、山地康养等多种康养旅游产品。此外，为了提供更为优质的康养环境，浙江省正在积极推进建设一批国家级康养旅游基地，其中包括森林氧吧、天然氧吧和温泉度假等项目。同时，也加强了跨省域协作，共建杭黄世界级自然生态和文化旅游廊道、浙皖闽赣国家生态旅游协作区、环太湖生态文化旅游圈等项目。另外，湖州等地也正以医疗康复、智慧健康、健康旅游、生态康养、休闲运动等为重点，整合科研资源、医疗资源和生态资源，高质量推进康养型健康产业发展，加快推进南太湖生物医药产业园等产业平台建设，全力打造长三角"健康谷"。最后，根据《浙江省养老服务发展"十四五"规划》，从 2021 年到 2025 年，浙江省将深入贯彻党中央、国务院建设健康中国、积极应对人口老龄化战略部署，全面完成"以居家为基础、社区为依托、机构为补充、医养相结合"的养老服务体系建设任务。这无疑将为康养旅游的发展提供更大的市场空间。浙江康养旅游发展呈现出以下几个特点。

（一）政府有为市场有范，先行探索成效卓越

浙江省康养旅游的发展得益于政府的大力支持和市场的积极响应。近年来，浙江省政府高度重视康养旅游产业的发展，通过制定一系列政策措施，推动康养旅游产业的健康、快速发展。一是加大政策扶持力度。浙江省政府出台了一系列扶持康养旅游产业发展的政策措施，包括财政资金支持、税收优惠、土地供应等方面的优惠政策，为康养旅游产业的发展提供了有力的政策保障。二是优化产业布局。浙江省政府根据各地资源禀赋和市场需求，合理规划康养旅游产业布局，鼓励各地发展特色鲜明的康养旅游项目，形成产业集群效应。三是加强基础设施建设。浙江省政府加大对康养旅游基础设施建设的投入，提升康养旅游产业的硬件水平，为游客提供更加便捷、舒适的旅游环境。四是推动产业融合发展。浙江省政府积极推动康养旅游与医疗、

养老、文化等产业的融合发展，打造一批具有浙江特色的康养旅游产品，满足游客多样化的需求。五是加强人才培养。浙江省政府重视康养旅游人才的培养，通过举办各类培训班、研讨会等，提高康养旅游从业人员的专业素质，为产业发展提供人才支持。六是加强宣传推广。浙江省政府加大对康养旅游产业的宣传推广力度，通过举办各类旅游节、展览等活动，提高康养旅游产业的知名度和影响力。例如，武义县 2009 年举办中国国际养生旅游高峰论坛，发布《养生旅游武义宣言》，2010 年举办中国国际养生产业博览会，并形成品牌会展。在政府的有力推动下，浙江省康养旅游市场逐渐成熟，吸引了越来越多的游客前来体验。同时，市场也对康养旅游产业提出了更高的要求，促使产业不断创新、提升品质，为游客提供更加优质的康养旅游服务。

（二）康养业态不断丰富，产业规模持续扩大

浙江省康养业态的不断丰富和产业规模的持续扩大体现在多个方面。首先，浙江省积极推动健康产业与养老、养生、旅游、文化、食品等相关领域的深度融合，培育出具有鲜明特色的产业新模式和新业态。例如，通过加强多行业跨界合作，与医疗、体育、文化等行业融合，形成了森林康养新业态，吸引了各类健康、养老、中医药等产业基金进入森林康养产业。其次，浙江省整合了康养服务资源，计划建设 1000 个康养联合体，探索不同层级的康养联合体模式。重点是探索医养康养资源结合的机制创新，以及实现康复护理资源进社区进家庭的有效突破。最后，为了应对老龄化社会的挑战，浙江省还在《浙江高质量发展建设共同富裕示范区实施方案（2021—2025 年）》中提出，到 2025 年，浙江每万名老年人口中拥有持证养老护理员的数量要提高到 25 人，进一步加强养老服务的人力资源配备。据初步统计，目前浙江省已有 60 多个县市区、500 多个乡镇、2000 多个行政村、34 万人直接从事森林康养经营活动，这一产业不仅为社会提供了大量的就业机会，还带动了其他产业的发展。

（三）系统支撑不断加强，品牌建设突飞猛进

浙江省康养旅游的品牌建设得到了突飞猛进的发展，这主要得益于系统的支撑和不断的创新。一方面，浙江省政府积极支持康养旅游示范区的建设，例如，舟山、湖州等地被赋予"国家健康旅游示范区"的称号，丽水发展成为"中国长寿之乡"绿色产业和康养产业的重要基地，武义则成为国际养生旅游基地。同时，浙江省还计划到 2025 年，建设 100 个休闲度假型、康复疗养型老年养生基地，新培育认定省级中医药文化养生旅游示范基地 40 家，以及建设国家级康养旅游示范区 3 个以上。另一方面，浙江省充分利用自身的生态、中医药、温泉等资源优势，打造了高品质的中医药养生、温泉度假、天然氧吧、森林氧吧等绿色康养旅游产品，满足了游客对康养旅游产品的迫切需求。同时，浙江省还推出了乡村康养、森林康养、海洋康养、湿地康养、滨湖康养、山地康养等多元化的康养旅游产品。此外，浙江省还积极推进文化和旅游产业的深度融合与高质量发展，构建了"一品三类五带"的生态旅游产品布局，以"诗画浙江"为核心品牌，整合提升了山趣（森林康养）、水韵（湖泊度假）、田园（乡村旅游）、古镇（文化体验）和美食（美食旅游）等产品类型。这不仅使现代文化和旅游融合产业体系基本形成，产业结构进一步优化，产品供给更加丰富，品质明显提升，而且也使"东方养生胜地"的品牌影响力显著增强。总的来说，浙江省康养旅游的品牌建设得益于政府的有力支持和市场的积极响应，以及浙江省自身的资源优势和产业政策。在未来，浙江省将继续深化康养旅游产业的发展，为游客提供更加优质的康养旅游服务。

二、康养旅游"浙江经验"值得关注

浙江省康养旅游的成功发展主要归功于以下几点：（1）丰富细分业态。浙

江省的康养旅游业态丰富多样，包括中医药健康旅游、温泉旅游、森林康养游、休闲运动游等，满足了不同游客的需求。（2）创新模式推进。浙江省积极推动"康养＋旅游""康养＋民宿"等新模式，通过举办各类活动集聚旅游人气，实现康养旅游业快速增长。（3）积极开拓新路径。以杭州为首的浙江各县市在发展过程中，积极开拓以康养小镇、文旅小镇为载体的旅游产业模式，而非一味地招引和发展大工业。（4）响应老年人需求。践行"旅游＋康养"模式，特别是针对老年人的康养游产业融合创新已成为新常态下经济可持续发展的重要增长点。报告显示，中国老年人外出旅游每年在500万人次以上，47%的老人有远程出游的经历，70%的老人有退休后旅游的倾向。（5）数字化改革推动。浙江省养老服务在全国位列第4，"浙里康养"荣获2022年度改革突破银奖，其应用被评为2022年浙江省数字化改革"最佳应用"，这体现了数字化手段在浙江省康养旅游发展中的高效运用。康养旅游"浙江经验"，主要体现在以下五个方面。

（一）着力构筑高端平台，抢占战略制高点

康养旅游产业发展功能平台是一个集医疗康复、智慧健康、康养旅游、生态康养和休闲运动于一体的产业平台。它重点整合科研资源、医疗资源和生态资源，以期高质量推进康养型健康产业的发展。浙江省在构筑康养旅游高端平台方面走在全国前列。

建立健全国际组织，积极主办国际论坛和国际博览会。浙江省积极创建中国康养整合联盟、黄精产业国家创新联盟、浙江康养产业国家创新联盟以及现代园艺康养联盟等。世界旅游联盟总部已经落户浙江，一些重大的平台，如中国义乌文化和旅游产品交易博览会、国际休闲大会、国际海岛旅游大会、世界乡村旅游大会以及国际康养产业博览会等都在浙江集聚，其辐射功能也在不断加强。2023年4月15日，以"共富先行　浙里康养"为主题的2023浙江（国际）康养产业博览会在杭州启幕。

浙江省正在加快构筑"浙里康养"数字化智能化标志性成果，其中康养文旅是其重要内容之一。同时，这个平台也在持续发展壮大，积极推进南太湖生物医药产业园等产业平台的建设，并致力于打造滨湖康养经济走廊，构建长三角"健康谷"。

除此之外，浙江省还在创新发展山地旅游，全面建成 20 个名山公园，推出高品质的森林氧吧、天然氧吧和温泉度假等绿色康养旅游产品，建成一批国家级康养旅游基地；打造 10 个海洋公园，大力拓展海洋海岛康养基地。同时，也在发展森林康养、健康小镇、旅居养老、国际旅游等健康养老产业，促进养老服务业与新农村建设、绿色农产品开发、教育培训、健康娱乐、体育文化、旅游开发、家政服务等产业的融合发展。

（二）建立健全组织机制，有效推进产业转型

2010 年，丽水市率先提出打造"秀山丽水、养生福地"，并设立养生办公室和养生协会。浙江省旅游协会银龄康养文旅分会、浙江省文化和旅游厅、浙江省卫生健康委员会、浙江省民政厅、浙江省市场监督管理局、浙江省林业局、浙江省自然资源厅等部门联合发起成立浙江省康养旅游产业联盟。该联盟旨在推动浙江省康养旅游产业的发展，提高浙江省康养旅游产业的竞争力和影响力。目前，该联盟已有 50 余家文旅单位报名参评，范围覆盖全省 11 个地市。为落实中共中央办公厅、国务院办公厅《关于深化现代职业教育体系建设改革的意见》等文件要求，充分发挥龙头企业、高水平大学、职业院校、行业组织的牵引作用，推动全国健康养老行业高质量发展。2023 年 10 月 25 日，由物产中大金石集团、浙江中医药大学、浙江树人学院、宁波卫生职业技术学院牵头发起，联合 120 多家学校、科研机构、行业企业等组建的全国健康养老行业产教融合共同体（以下简称共同体）成立大会在浙江宁波召开。共同体将以体制机制创新为突破口，坚持健康养老政行企校"共同建设、共同管理、共享成果"，实现共同体资源共享和优势互补，促进政校行企深

度融合，助推企业行业和科研机构打造一批行业产业领先成果，培养一批高素质技术技能人才，提升对健康养老行业高质量发展的服务力、支撑力和贡献力。

（三）发挥生态资源优势，畅通两山转化通道

近年来，浙江省充分利用其丰富的生态资源优势，大力发展康养旅游产业。浙江的康养旅游业已经细分为多个领域，如中医药健康旅游、温泉旅游、森林康养游和休闲运动游等，这些业态受到了广大游客的喜爱。为了进一步提升康养旅游的品质，浙江省推出了一系列高品质的绿色康养旅游产品，如森林氧吧、天然氧吧和温泉度假等，并成功建成了一批国家级康养旅游基地。此外，杭州养生街、胡庆余堂膏方养生节、温州泰顺氡泉康养、金华武义的寿仙谷有机国药基地、磐安江南药镇、"空气罐头"和"森林浴"等特色产品也成为市场"新宠"。浙江省对森林康养基地的建设也有严格的要求，如森林覆盖不低于70%，空气质量优良率为90%以上等，确保为游客提供一个优质的康养生态环境。例如，衢州丽水钱江源—百山祖国家公园、松阳国家传统村落公园、杭州龙门秘境康养基地就位于一个风景优美、生态环境优越的地区，为游客提供了一系列全新的康养体验。为了更好地发挥其生态康养资源优势，浙江省还加强了跨省域的康养旅游协作，共建了杭黄世界级自然生态和文化旅游廊道、浙皖闽赣国家生态旅游协作区以及环太湖生态文化旅游圈。

（四）运用文化总部理论，创造文化产业优势

为了更好地推动康养旅游产业的发展，浙江省运用文化总部理论，创造文化产业新优势。具体措施如下。（1）建立文化总部基地。在浙江省范围内选择具有丰富文化资源和旅游资源的城市，建立文化总部基地，吸引国内外文化企业和旅游企业入驻，形成产业集群效应。通过政策扶持、资金投入、人才引进等手段，打造文化总部基地的品牌影响力。（2）发展特色文化产业。

结合浙江省的地域文化特色，发展特色文化产业，如茶文化、丝绸文化、道教文化等。通过挖掘、整合、创新文化资源，打造一批具有地方特色的文化产品和服务，提升文化产业的附加值。（3）加强文化与旅游的融合。将文化元素融入康养旅游产品中，打造文化旅游品牌。例如，开发以茶文化为主题的康养旅游线路，让游客在品茗、养生的同时，了解茶文化的发展历程和内涵。（4）提升文化产业创新能力。鼓励文化企业加大研发投入，提升文化产业的创新能力。通过技术创新、管理创新、模式创新等手段，提高文化产业的核心竞争力。（5）培育文化产业人才。加强文化产业人才培养，引进高层次人才，为文化产业发展提供人才支持。同时，加强与高校、科研院所的合作，培养具有创新精神和实践能力的文化人才。（6）加强文化产业政策支持。制定一系列优惠政策，支持文化产业发展。例如，对入驻文化总部基地的企业给予税收优惠、土地优惠等政策支持；对文化创意产业项目给予资金扶持；对文化产业人才给予住房、子女入学等方面的优惠政策。（7）加强文化产业宣传推广。通过举办各类文化活动、展览、论坛等，展示浙江省文化产业的新成果、新形象，提升文化产业的知名度和影响力。通过以上措施，浙江省运用文化总部理论，打造针灸文化、国药文化、康养体育文化等系列化养生文化总部，创造文化产业新优势，推动康养旅游产业的发展。

（五）强化政企多元协同，强化系统支撑保障

为了进一步推动康养旅游产业的发展，浙江省强化了政企多元协同，搭建了一系列高端功能平台。例如，杭州世界养生大会、金华武义康养产业博览会及黄大仙文化旅游节、松阳叶法善文化论坛、义乌朱丹溪养生文化节及宁波葛洪养生文化节等。湖州正在整合科研资源、医疗资源和生态资源，高质量推进康养型健康产业发展，加快推进南太湖生物医药产业园等产业平台的建设，并全力打造长三角"健康谷"康养产业集群。此外，浙江省还支持有实力的国家级农业龙头企业，如寿仙谷药业，建设康养全产业链数字化管

理系统，推进政企数字化管理平台的有序联通，共建共享乡村产业信息数字资源。浙江省民政厅养老服务处也在加快建设"浙里康养"智慧化应用，通过打通省民政厅、人力资源和社会保障厅、卫生健康委员会、医疗保障局、教育厅等部门数据，链接养老市场数据及社会数据，为老年人及家属提供养老地图、探访关爱等服务。同时，为了整合康养旅游服务资源，浙江省还计划建设 1000 个康养联合体，探索不同层级的康养联合体模式，重点探索医养康养资源结合的机制创新，实现康复护理资源进社区进家庭的有效突破，促进老年人功能恢复和改善自理能力。

（六）强化科技人才支撑，实施发展模式创新

浙江省康养旅游的发展，不仅依靠政企多元协同和高端功能平台的建设，更离不开科技人才的支撑和模式创新的实施。在全省上下联动、部门协力的砥砺奋进中充分体现了科技人才与康养旅游的深度融合。浙江外国语学院 2010 年在全国率先为本科生开设全校选修课程《养生旅游》，并创建武义（产教融合、校县合作）养生旅游人才培养基地。浙江还创建了舟山健康旅游职业学院，并在树人大学设置智慧康养产业学院，这是浙江省首批重点支持的现代产业学院之一，是应全生命周期民生服务和数字化生存需要，主动对接浙江省数字经济"一号工程"2.0 建设的人才培养改革新举措。它立足新工科、新医科交叉融合，着力集聚大健康产业优质资源，力争将学院建设成为面向"信创产业＋智慧健康应用"领域，集人才培养、技术研发、社会服务等功能于一体的产教融合共同体。它既作为信创人才和智慧健康人才培养基地、"双师型"教师专业能力发展基地和大学生实践（实训）基地，又作为智慧康养行业人才培训中心、智慧健康信息技术产品研发中心。近年来，在小学年级普遍开设了中医药课程。为了进一步推动康养旅游产业的发展，浙江省正在加快打造"浙里康养"标志性成果，其中康养文旅是其重要内容。例时，也在实施发展模式创新，例如，天台山积极推动康养旅游的发展，结合生态、

中医药和禅文化等元素，创新发展了生态康养、中医药康养和禅文化康养等系列养生业态。此外，天台县还建成了多家森林乡村、森林康养基地、森林人家和森林特色小镇，还成功打造了天台佛宗道源康养旅游模式，为游客提供了丰富的康养选择。在这里，游客不仅可以欣赏到美丽的自然风光，还可以体验到养生、养心、养神的康养之旅。此外，金华武义十大养生产品模式、秀山丽水养生福地、舟山海洋海岛养生模式等也都有一定影响力。这些举措无疑都为浙江省康养旅游产业的发展提供了强大的科技人才支撑和模式创新保障。

三、浙江康养旅游面临的重大挑战

浙江省康养旅游业的发展面临着一些重大挑战。首先，目前康养旅游主要依赖于两大发展模式——以治疗为主要目的的"康"旅游和侧重于维持或强化个人健康元素的"养"旅游。这两种发展模式都要求具备相应的专业知识和技能，但目前旅游行业的人才可能缺乏理论知识与实际经验的结合，导致在将理论知识应用到实际操作中时可能出现偏差。其次，浙江省正在加快打造"浙里康养"标志性成果，而康养文旅是其中的重要内容。然而，由于康养旅游涉及医疗、养生等多个领域，因此需要跨部门协作，这可能会带来一定的协调难度。最后，浙江省康养旅游产品已经进入"国家队"，这意味着其发展将受到全国范围内的关注和比较。这就要求浙江省在康养旅游的发展上不仅要满足当地居民的需求，还要考虑到全国范围内游客的期待和需求。总的来说，浙江省在康养旅游业的发展上面临的挑战既包括人才培养和跨部门协作的问题，也包括如何满足更高标准的需求的问题。为了应对这些挑战，浙江省需要在提升人才质量、加强跨部门合作以及提升服务质量等方面做出努力。

特别值得指出的是，以"两个先行"铸造"重要窗口"的浙江，在康养旅游方面肩负着提升中国康养旅游核心竞争力、打造国际品牌的使命担当。

（一）智能康养技术日新月异，康养旅游市场竞争不断加剧

智能化康养旅游的发展日新月异，各类高新技术正广泛运用于康养旅游中。例如，通过运用 VR、AR 及 AI 等智能化信息技术，可以增强康养旅游产品的展示效果，吸引更多的消费客群。同时，这些技术的应用也为生命科学、生物技术、智能穿戴、大数据等前沿科技提供了巨大的市场前景和成果转化空间。此外，智慧旅游以数字化、网络化、智能化为特征，将物联网、云计算、5G 等技术引入旅游体验、产业发展及管理等环节，以满足人们日益增长的物质文化需求，推进旅游治理体系和治理能力的现代化。例如，去年年底文化和旅游部等十部门联合印发《关于深化"互联网＋旅游"推动旅游业高质量发展的意见》，提出加快建设智慧旅游景区、完善旅游信息基础设施、创新旅游公共服务模式、加大线上旅游营销力度等多项措施，旨在推动旅游产业高质量发展。总的来说，智能化康养旅游的发展不仅提升了游客的体验感和获得服务的便利程度，同时也有助于保障旅途安全。作为数字经济比较发达的浙江省，理应在康养旅游数字化、智能化方面勇立潮头，发挥示范引领作用。

（二）多元协同融合面临瓶颈，浙江康养旅游任重道远

多元协同融合面临瓶颈，主要表现在以下几个方面。（1）数据孤岛问题。虽然大数据、云计算等技术为多元协同融合提供了可能，但由于数据的分散性和封闭性，形成了"数据孤岛"，阻碍了数据的流通和共享。（2）技术标准不统一。不同的企业、机构在技术应用上存在差异，缺乏统一的技术标准和规范，导致数据交换和相互操作困难。（3）安全问题。数据共享和融合涉及个人隐私和企业商业秘密的保护，如何确保数据的安全成为一大挑战。（4）人才短缺。多元协同融合需要跨学科、跨领域的复合型人才，但目前这方面的人才储备不足。（5）法律法规滞后。现有的法律法规往往无法满足多

元协同融合的需求，需要进一步完善相关的法律法规体系。

浙江康养旅游面临的挑战，主要表现在。（1）资源开发不足。虽然浙江省拥有丰富的康养旅游资源，但目前资源开发程度较低，很多优质资源尚未得到有效利用。此外，部分景区在开发过程中过于追求经济效益，忽视了生态环境保护和文化传承，导致资源价值的浪费。（2）产品同质化严重。目前浙江省康养旅游产品同质化现象较为严重，许多景区和度假村在产品设计上缺乏创新，导致游客体验感不强。此外，部分景区过于依赖传统的温泉、养生馆等项目，缺乏特色和竞争力。（3）服务品质亟待提高。虽然浙江省康养旅游市场发展迅速，但整体服务水平仍有待提高。部分景区在硬件设施、服务质量、管理水平等方面存在不足，影响了游客的旅游体验。

四、铸造康养旅游"重要窗口"引领世界康养潮流

康养旅游是健康中国的战略性支柱产业。中医药学是中国古代科学的瑰宝，也是打开中华文明宝库的钥匙。2017 年 1 月 18 日，于瑞士日内瓦，国家主席习近平与世界卫生组织总干事陈冯富珍，共同见证中国政府和世卫组织签署"一带一路"卫生领域合作谅解备忘录，并出席中国向世卫组织赠送针灸铜人雕塑仪式。习近平主席指出，我们要继承好、发展好、利用好传统医学，用开放包容的心态促进传统医学和现代医学更好融合。中国期待世界卫生组织为推动传统医学振兴发展发挥更大作用，为促进人类健康、改善全球卫生治理作出更大贡献，实现人人享有健康的美好愿景。将浙江打造成为国内外知名的康养旅游目的地，铸造康养旅游"重要窗口"，可以从以下几个方面着手。（1）政策支持。制定一系列优惠政策，鼓励和支持康养旅游产业的发展。例如，为康养旅游企业提供税收优惠、土地使用优惠等政策支持，为康养旅游从业人员提供培训和技能提升的机会。（2）资源整合。充分挖掘和整合浙江省内的自然资源、文化资源和医疗资源，打造一批具有特色的康养旅游

景区和度假区。同时，加强与国内外优质康养旅游资源的对接，引进先进的理念和技术，提升浙江省康养旅游的整体水平。（3）产业融合。推动康养旅游与医疗、养老、体育、文化等产业的深度融合，形成产业链条，实现产业互动和协同发展。例如，可以发展康复医疗旅游、养生养老旅游、运动休闲旅游等多元化的康养旅游产品。（4）基础设施建设。加大康养旅游基础设施的投入力度，提升浙江省康养旅游的接待能力和服务水平。例如，可以建设一批高品质的康养旅游景区和度假区，完善康养旅游交通、住宿、餐饮等配套设施。（5）人才培养。加强康养旅游人才的培养和引进，提高浙江省康养旅游产业的整体素质。可以通过与高校、职业院校合作，开展康养旅游专业教育和培训，引进国内外优秀的康养旅游专家和管理人才。（6）市场拓展。积极开拓国内外市场，吸引更多的游客来浙江体验康养旅游。可以通过与国内外旅行社、在线旅游平台等合作，推出各种优惠政策和特色产品，吸引游客前来。（7）品牌建设。加强浙江省康养旅游品牌的宣传推广，提升其知名度和美誉度。可以通过举办各类康养旅游节庆活动、参加国内外旅游展会等方式，展示浙江省康养旅游的魅力。通过以上措施，有望将浙江打造成为国内外知名的康养旅游"重要窗口"，为浙江省经济社会发展注入新的活力。

为此，我们提出如下建议。

（一）明确目标导向，引领世界康养潮流

随着《"十四五"中医药发展规划》出台，中医药文化正在进一步深入千家万户、走向世界各地，努力在推动中华优秀传统文化创造性转化、创新性发展中更好地发挥标杆作用。应充分利用全球资源，建立有效机制，以针灸行业为引领，打造中医药全方位、宽领域、多层次的发展格局，积极推动中医药为构建人类卫生健康共同体做出更大贡献。近年来，浙江省先后制定了"健康浙江"一系列的战略和规划。衢江应扛起浙皖闽赣国家旅游协作试验区的使命担当，建立健全由区委、区政府主要领导任组长的"康养衢江"领导

小组机构，并建立"康养衢江"工作专班机制。加大推进康养产业和研学旅行的多部门协同机制创新，适时推进"针灸小镇"，着力推进资源共享、优势互补、产业共树、品牌共创。围绕"1258"战略体系和"一体两翼三圈"的旅游格局，进一步做大"十四五"时期千亿文旅康养和研学项目库。坚持"全域大景区"理念推动全域旅游绿色发展，以"衢州有礼"诗画风光带、95联盟大道为引线，重点打造串联关键节点，打造国际知名、国内一流的康养研学文旅精品线。立足长三角，主动融入衢黄南饶"联盟花园"，借助建设四省边际中心城市、长三角一体化、浙皖闽赣生态旅游协作区等契机，赴联盟花园城市、杭州、宁波等地进行旅游宣传推介，积极组织参加义乌中国文化和旅游产品博览会、四省边际旅游产品特购会等，擦亮"康养衢江"的城市品牌。浙江省明确了康养服务的目标导向，不仅注重基本养老服务的提供，还积极探索新的康养模式和技术，以引领全球的康养潮流。

（二）构筑康养功能平台，强化世界辐射能力

浙江省正在构筑世界康养功能平台，强化其全球辐射能力。作为全面展示中国特色社会主义制度优越性的重要窗口，浙江省在共同富裕示范区建设中，率先提出打造"浙里康养"金名片。这个战略以社会保障、养老服务和健康支撑三大体系为抓手，加快推进康养体系建设，已经形成了一些国内领先的标志性成果。此外，浙江省也在持续推动康养产业的国际化进程。例如，作为针圣故里和针灸圣地的衢江，2016 年被评为世界针灸康养大会永久会址，2017 年正值世界针灸学会联合会成立三十年，衢江作为康养福地将再度举办这一年度盛会，并迎来全新升级，2018 年发布《中医针灸健康全球——2018第二届世界针灸康养大会衢江共识》。从 2010 年开始并持续举办的武义·中国国际养生产业博览会已经形成了具有影响力的品牌。2023 浙江（国际）康养产业博览会在杭州国际博览中心正式启幕，这无疑进一步提升了浙江在全球康养领域的影响力。"针胜故里，康养衢江"牵头，依托浙皖赣闽国家生态

旅游协作区，打造世界级康养旅游高端平台。这些举措不仅促进了康养产业的发展，也为全国乃至全球的康养产业发展提供了浙江经验和浙江模式。总的来说，浙江省通过构筑世界康养功能平台，强化了其对全球的影响力，同时也为全国的康养产业发展提供了示范和引领。浙江省康养旅游业的使命是满足人民群众日益增长的健康服务需求，通过深度挖掘本地康养旅游资源，快速高效地对浙江康养旅游进行集中推介。更为重要的是，创新康养旅游模式，包括数字化智能化高质量康养旅游发展模式，示范引领中国康养旅游，造福全人类。近期的具体目标，包括打造50个以上浙江省中医药文化养生旅游示范基地、100个以上森林康养基地、100个以上海洋休闲度假养生基地、20个以上温泉保健疗养基地和10条精品疗休养线路。

（三）强化康养科技创新，实施多元协同融合

强化康养科技创新，实施多元协同融合。首先，浙江省注重科技在康养领域的应用。例如，通过引入人工智能、大数据等先进技术，开展远程定制化康养服务，为老年人和广大游客提供更加个性化和便捷的精准康养服务。同时，也通过科技手段提升康养服务的质量和效率，如使用远程医疗技术，让老年人能居家享受到专业的医疗服务。其次，浙江省实施了多元协同融合的策略。这包括政府、企业、社区和家庭等多方的协同合作，共同推动康养事业的发展。例如，政府出台相关政策，引导和支持企业参与康养产业的发展；企业则通过创新产品和服务，满足老年人的康养需求；社区和家庭则提供日常的照料和服务，保障老年人的生活品质。总的来说，浙江省通过强化康养科技创新和实施多元协同融合，不仅提升了康养服务的质量和效率，也为全球康养产业的发展提供了新的思路和方向。浙江省还致力于深化文化和旅游公共服务融合，通过旅游业"微改造、精提升"，为旅游产品持续注入文化内涵，推动全域旅游高品质提升。2023年1月9日，浙江省要求各地和相关部门严格落实《浙江省基本养老服务清单》，确保老年人能够享受到基本的养老服务。此外，为了响应国家的应对人口老龄化战略，浙江省致力于打造"浙里康养"这一金名片。其中，建设"康养旅游基地""康养联合体"等创新举措被视为推进这一目标的关键手段。浙江省多地已经开始探索开发"智慧养老"应用，使老年人能够在家门口便捷地享受到专业的康养服务。此外，为了提供更加个性化和专业化的康养旅游服务，浙江省还推动了养老机构康复室和康复医师的配备，并构建了集预防保健、医疗服务、康复护理和生活照料于一体的健康养老服务体系。例如，推出了11条浙江省特色康养旅游线路，这些线路专为游客周末或小长假出游需求而设计，充分展示了浙江康养旅游资源和地域文化特色，让中外游客来浙江康养消费变得更方便、更省心。

（四）优化康养国际传播，展示中国康养魅力

中华文明和东方智慧，是中国康养的重要文化根基，也是中国康养旅游的重大特色。融合了中国养生文化、养生产业与生态旅游方式的养生旅游，是中国人民的也是世界人民的宝贵财富。中国旅游产业正处在转型升级迅速发展过程中，努力打造国际养生旅游胜地，创新与发展国际养生旅游产品，振兴旅游产业造福全人类，这是我们共同的神圣使命。优化康养国际传播，展示中国康养魅力，意义重大。首先，浙江省通过举办各类国际康养论坛、展览等活动，向全球展示其康养产业的发展成果和经验。这些活动不仅吸引了全球的康养专家和学者，也为全球的康养产业提供了交流和学习的平台。其次，浙江省通过媒体和网络等渠道，向全球传播中国的康养理念和文化。例如，通过介绍中医养生的理念，展示中国传统的康养方法；通过网络直播等方式，让全球的观众能够直观地了解中国的康养生活。最后，浙江省还通过与国际机构的合作，推动康养产业的国际化进程。例如，与世界卫生组织等国际机构合作，共同研究和推广康养的最佳实践；与国外的康养机构合作，共享资源和经验，提升康养服务的质量和水平。总的来说，浙江省通过优化康养国际传播，有效地展示了中国康养的魅力，提升了中国在全球康

养领域的影响力。2023 年 11 月 26 日，由世界针灸学会联合会、中国针灸学会、浙江省针灸学会、衢州市人民政府主办的第三届世界针灸康养大会开幕式暨"中医针灸　传承创新"主旨演讲在衢江举行。中国工程院院士张伯礼、世界针灸学会联合会主席刘保延、中国针灸学会会长喻晓春、浙江省卫健委副主任曹启峰等出席。衢州是南孔文化的发源地，具有深厚的中医药历史底蕴，历代名医辈出，形成了杨继洲针灸、雷氏医学、叶氏中医等具有地方特色的中医流派。近年来，衢州市锚定"建设四省边际中心城市"的战略定位，通过挖掘利用"杨继洲针灸""衢六味"等具有衢州辨识度的中医药优势资源要素，打造四省边际中医药高质量发展高地。衢江区作为"中华第一神针"明代著名针灸学家杨继洲的故里，自 2016 年成为世界针灸康养大会的永久性常设会址后，本届是成功在衢江举办的第三届世界针灸康养大会。

解构粤港澳大湾区康养旅游产业高质量发展策略

周艳丽　黄　宁　刘江伟　付　娆[①]

粤港澳大湾区（Guangdong-Hong Kong-Macao Greater Bay Area，GBA），包括香港特别行政区、澳门特别行政区，以及广东省广州市、深圳市、珠海市、佛山市、惠州市、东莞市、中山市、江门市、肇庆市。粤港澳大湾区地理条件优越，"三面环山，三江汇聚"，具有漫长海岸线、良好港口群、广阔海域面，经济腹地广阔，泛珠三角区域拥有全国约1/5的国土面积、1/3的人口和1/3的经济总量。

粤港澳三地在生态环境保护与生态系统治理领域进行了卓有成效的探索。大湾区生态环境质量和绿色发展水平处于全国领先，已基本具备建成生态环境高品质的世界级城市群、世界一流美丽湾区的基础优势。湾区九市森林覆盖率达51.84%，是中国首个国家级森林城市群，接近热带雨林国家巴西的水平。

2019年2月18日，中共中央、国务院印发《粤港澳大湾区发展规划纲要》。按照规划纲要，粤港澳大湾区不仅要建成充满活力的世界级城市群、国际科技创新中心、"一带一路"建设的重要支撑、内地与港澳深度合作示范区，还要打造成宜居宜业宜游的优质生活圈，成为高质量发展的典范。以香

---

① 周艳丽，硕士，佛山职业技术学院讲师，研究方向为区域旅游规划与开发、乡村振兴等；黄宁，硕士，河北东方学院讲师；刘江伟，硕士，河北东方学院讲师；付娆，副教授，河北东方学院。

港、澳门、广州、深圳四大中心城市作为区域发展的核心引擎。

粤港澳大湾区的居民有较强的消费能力，同时对健康生活和旅游休闲的追求也不断提高。加上"健康中国"等一系列政策和战略的提出，康养旅游已逐渐成为粤港澳湾区旅游经济高质量发展的新热点。粤港澳大湾区因拥有优良的康养资源、强劲的经济实力、庞大的人口基数及便捷的交通等优越条件，康养旅游产业如何在创新中实现高质量发展，成为亟待解决的问题。

一、大湾区康养旅游发展优势

（一）政策优势：推动区内康养旅游高质量发展

2020年，文化和旅游部、粤港澳大湾区建设领导小组、广东省人民政府联合印发《粤港澳大湾区文化和旅游发展规划》，指出推动大湾区文化和旅游融合发展，建设一批富有文化底蕴的世界级旅游景区和度假区，打造一批文化特色鲜明的国家级旅游休闲城市和街区。同年，广东省文化和旅游厅印发贯彻落实《粤港澳大湾区发展规划纲要》三年行动计划，提出进一步指导各地弘扬传承中医药文化，加强粤港澳中医药非物质文化遗产保护力度，打造大湾区健康产业和养生旅游度假胜地。在2022年，广东省政府印发《广东省"十四五"旅游业发展规划实施方案》，进一步强调推动大湾区旅游与中医药康养、森林康养、温泉康养等有机结合，打造一批康养旅游集聚区。

2022年1月，根据《广东省林业局办公室关于开展第四批省级森林康养基地（试点）申报认定工作的通知》（粤林办函〔2021〕106号），通过各地级以上市林业主管部门组织申报和审核推荐、专家评审、网上公示等程序，广东省认定了广州市流溪河国家森林公园管理中心等23个单位建设的森林康养基地为2021年广东省森林康养基地（试点）（见表1）。广东省林业局要求，试点建设单位须在半年内编制森林康养基地专项规划，并报省林业局改革和产业发展处备案。基地建设涉及自然保护地范围的，其规划和利用活动要符合自然保护地总体规划等上位规划要求和管控规定。各级林业主管部门要加强对试点基地的监管，不得开展违规建设和开发项目；各试点建设单位必须严格按照规划和相关法规开展建设，基地所在自然保护地无总体规划或总体规划已过期的，在自然保护地总体规划批准前，不得新建建筑物和开展相关活动。并要求试点建设单位在森林康养基础设施、服务水平、运营管理、医养结合、文化挖掘、人才培养等方面发挥示范引领作用，努力打造成广东省森林康养产业发展典范和精品。

大湾区一系列的利好政策，促进了湾区康养旅游产业的快速发展。

表 1　2021 年广东省森林康养基地试点建设单位名单

序号	基地名称	申报建设单位	所在地
1	广州市流溪河国家森林公园	广州市流溪河国家森林公园管理中心	广州市
2	增城群爱森林康养基地	广州田园牧歌农林有限公司	广州市
3	南雄鸦子寨森林康养基地	南雄市江头竹海农旅发展有限公司	韶关市
4	新丰岭南红叶世界	广东岭秀投资开发有限公司	韶关市
5	仁化灵溪河森林康养基地	韶关灵溪河森林旅游度假公园有限公司	韶关市
6	新丰云天海森林康养基地	新丰云天海温泉原始森林度假村有限公司	韶关市
7	翁源九曲水森林康养基地	翁源县九曲水生态旅游度假有限公司	韶关市
8	始兴开心农庄森林康养基地	广东开心农业科技有限公司	韶关市
9	东源新溪森林康养基地	广东融和生态农业集团有限公司	河源市
10	丰顺大周湖森林康养基地	丰顺县嘉洪农林有限公司	梅州市
11	丰顺龙岗马山森林康养基地	广东龙岗马山茶业股份有限公司	梅州市
12	大埔京洲飞天马森林康养基地	广东飞天马实业有限公司	梅州市
13	平远南台卧佛山森林康养基地	广东卧佛山养生旅游发展股份有限公司	梅州市
14	平远吉美园森林康养基地	梅州吉美园生态旅游发展有限公司	梅州市

序号	基地名称	申报建设单位	所在地
15	平远曼陀山庄森林康养基地	广东新大地生物科技股份有限公司	梅州市
16	惠州新江森林康养基地	惠州市新江农业发展有限公司	惠州市
17	惠东梁化镇新民村委樟坑林场森林康养基地	惠州市泰芊生态康养有限公司	惠州市
18	汕尾御林山海森林康养基地	汕尾市御林山海生态旅游发展有限公司	汕尾市
19	茂名森林公园森林康养基地	广东茂名森林公园管理处	茂名市
20	德庆盘龙峡森林康养基地	德庆县崇德文化旅游发展有限公司	肇庆市
21	四会奇石河森林康养基地	四会瀑布奇石旅游开发有限公司	肇庆市
22	云浮蒲芦山森林康养基地	广东南江田园文化旅游投资开发有限公司	云浮市
23	广东省云浮林场森林康养基地	广东省云浮林场	云浮市

（二）人口优势：不同年龄层康养需求及对康养旅游需求旺盛

从人口来看，2022 年末，珠三角地区的常住人口达到了 7829 万，占大湾区的比重为 90.8%。其中，广州、深圳和东莞是三个常住人口总量达到千万级别的"超大城市"。香港的常住人口为 722 万，占大湾区的比重为 8.4%，截至 2023 年第二季度末，澳门的常住人口达到了 68 万。国家统计局数据显示，2010—2020 年，我国主要城市群人口集聚度加大，粤港澳大湾区城市群人口增长 35%。数据显示，2020 年我国跨省流动人口达 12483.7 万人，比 2010 年增加了 3896 万人。其中，第一经济大省广东十年新增跨省流入人口达 812.43 万人，跨省流入总人口接近 3000 万人，位居全国第一。人口净流入进一步反映了各地经济竞争力。2020 年广东省 21 个地市中，仅 8 个城市实现人口净流入，均为珠三角城市。按照香港 2022 年人口数据 729.16 万人及陆地面积计算，其人口密度为 6590 人 / 平方千米，低于深圳市人口密度。

近十年，粤港澳大湾区常住人口情况如图 1 所示。

（万人）

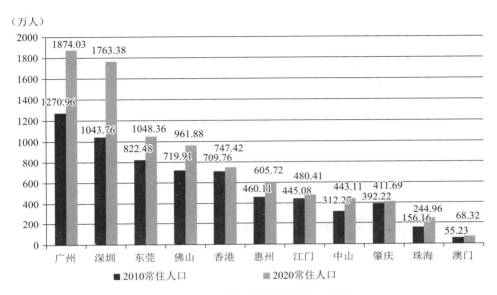

图1 近十年粤港澳大湾区常住人口情况

第七次全国人口普查数据显示，香港、澳门的人口分别为747.42万人和68.32万人，对比2010年第六次人口普查，分别增长5.31%和23.7%。2021年11月，澳门颁布《人才引进制度》，提出三项移民计划，以引进四个新产业的高端人才：大健康、现代金融、高新科技和文化体育。产业多元化已经势在必行，大健康被放在首位。值得一提的是，港澳居民北上的趋势越来越明显。第七次人口普查数据显示，居住在内地的香港居民有37.14万人，居住在内地的澳门居民有5.57万人。上述人员中有41.85万人居住在广东，就业、定居和求学是港澳人士常居内地的首要三个选项。

表2是近十年来广东各经济区域常住人口情况对比。

表2 近十年广东各经济区域常住人口情况对比

经济区域	2010年常住人口	2020年常住人口	增幅	2010年常住人口比重	2020年常住人口比重	比重变化
珠三角	5622.95	7823.54	39.14%	53.85%	61.97%	8.12%

经济区域	2010年常住人口	2020年常住人口	增幅	2010年常住人口比重	2020年常住人口比重	比重变化
粤东	1682.47	1631.84	-3.01%	16.11%	12.93%	-3.19%
粤西	1525.55	1576.66	3.35%	14.61%	12.49%	-2.12%
粤北	1609.97	1591.96	-1.12%	15.42%	12.61%	-2.81%

数据来源：广东统计年鉴（2010—2020）。

粤港澳大湾区人口覆盖超过 8000 万，人均 GDP 普遍超过 1.5 万美元。我国进入老龄化的标准为 60 岁以上的人口占总人口的比重达到 10%，65 岁以上的人口占总人口的比重达到 7%。粤港澳三地均面临着不同程度的人口老龄化，养老服务需求量大。第七次全国人口普查结果显示，广东省 60 岁及以上常住老年人口 1556.51 万人，占比 12.35%，预计到 2030 年，省内老年人口占比将突破 20%。另据官方统计，香港地区 65 岁以上人口占比，从 2011 年的 13% 上升至 2021 年的 20%。而 2021 年澳门地区年龄 65 岁及以上的老年人口占比为 12.1%。老龄化正成为这个经济发达的大湾区接下来 10 年面临的挑战，其康养医疗将引领新"蓝海"。

如今，康养一词不再是老年人的专属，不同的年龄层均有不同康养需求，对康养的理解也不同，这不仅是大湾区康养旅游的发展趋势，也是国内趋势。除了传统意义上的老年人群体，还有儿童、青少年、母婴，康养的市场均在不断扩大。

身处于闹市中的工作人员，越发期待可以短暂地卸下平日里的工作压力，走向风景优美的环境中，来一场舒心放松的度假之旅。同时，相关数据显示，如今青少年频频存在营养不良和肥胖、近视、龋齿、贫血、心理卫生等问题，这类人群也希望通过康养度假方式逐渐解决健康问题。此外，还有 35 岁以上的中老年群体，有更多的时间和金钱进行养生消费。

（三）经济优势：强劲的经济总量支撑强劲的居民消费能力

大湾区是中国最具发展潜力的经济区域之一，人口覆盖超过8000万，人均GDP普遍超过1.5万美元。2023年10月24—25日在深圳召开的第二届粤港澳大湾区统计论坛上，广东省统计局、香港特区政府统计处、澳门特区政府统计暨普查局共同发布《粤港澳大湾区联合统计手册2023》，手册显示2022年粤港澳大湾区经济总量超过13亿元。具体来看，2022年，珠三角9座城市实现了10.5万亿元的地区生产总值，占全省的比重达到81.4%。其中，深圳GDP达32387.68亿元，广州GDP达28839亿元，佛山GDP达12698.39亿元、东莞GDP达11200.32亿元。其中，深圳GDP增长3.3%，佛山增长2.1%，增速均居全省前列。去年，香港地区和澳门地区分别实现了2.42万亿元和1478亿元的地区生产总值，共同支撑起大湾区13万亿元的经济总量。

从人均GDP来看，在大湾区中，香港的人均GDP最高，达到了33万元/人，澳门次之，人均GDP为21.8万元/人。在珠三角9座城市中，深圳的人均GDP最高，为18.3万元/人。值得注意的是，在珠三角城市中，人均GDP排名第二的城市为珠海，达到了16.37万元/人，广州以15.4万元/人位居第三。从整体来看，珠三角地区的人均地区生产总值从2020年的11.59万元/人逐步提升到了2022年的13.34万元/人。

除了强劲的经济总量，湾区内居民的可支配收入也处于全国领先水平，居民消费水平和消费层次也在较高水平。

（四）资源优势：区内富含优异的康养资源

1. 自然资源丰富、生态环境优美

粤港澳大湾区背山面海、三江汇流，集山、江、湖、海、泉、瀑、林、涧、岛于一体，地理环境优越，具有良好的生态资源禀赋，据生态环境部环境规划院指出，大湾区生态环境质量处于全国领先水平，已基本具备建成生

态环境高品质的世界级城市群、世界一流美丽湾区的基础条件。

（1）山林资源。大湾区山林资源丰富，全区森林覆盖率达52%，大湾区绿地率达到35.48%，大湾区人均公园绿地面积截至2021年，区内9市已建成3413座公园。按人均绿地公园面积来看，广州以24.5平方米位居全国重点城市之首。

（2）海岛资源。海洋资源是大湾区的特色资源之一，区内拥有6000多平方千米的海域面积、224.5千米的大陆海岸线、147个海岛，其开发潜力巨大。

（3）江湖资源。区内水系发达、河流众多，以广东省为例，据2023年4月广东省水利局发布的《粤水概况》显示，以珠江流域（东江、西江、北江和珠江三角洲）及独流入海的韩江流域和粤东沿海、粤西沿海诸河为主，集水面积占全省面积的99.8%。全省流域面积在100平方千米以上的各级干支流共614条（其中，集水面积在1000平方千米以上的有60条）。独流入海河流52条，较大的有韩江、榕江、漠阳江、鉴江、九洲江等，广东省地处南海之滨，降雨充沛、水网密布、河湖众多，河道长度超过10万千米，湖泊150多个。

（4）湿地资源。大湾区位于国际东亚候鸟重要迁徙路线的中端位置，拥有丰富的滨海湿地和水网湿地。据统计，粤港澳大湾区的滨海湿地面积超过3200平方千米，占全国滨海湿地面积的5.5%。

（5）温泉资源丰富且泉质好、产业规模大。温泉是康养旅游最好的载体，温泉具有保健和疗养的功效，很多人通过泡温泉来去除自身的湿气和寒气，泡温泉是天然的治疗方法。而广东作为温泉大省，有着丰富的地热资源及温泉资源，且区内泉质好、产业规模大。据广东省国土资源部门统计，广东已探明可开发温泉面积达到了1463平方千米，数量超过317处，包含了300处温泉点以及17处隐伏地热区。其次是资源质量佳，在已探明的资源中，绝大部分地热点属于低温地热资源，适合进行温泉开发及利用。

2. 人文资源富集

大湾区拥有源远流长的广府文化、兼容并包的客家文化和巧工多彩的潮汕文化，还有在中外交流互动中逐渐形成的舶来文化和现代都市文化，但其内里的岭南文化却是同根同源，红色革命文化也是大湾区文化中的浓重一笔，这些构建了"人文湾区"的重要文化基础和文化根源血脉，为打造康养旅游项目提供了富足的文化差异。

3. 医疗资源雄厚

相关数据显示，2020 年大湾区健康产业领域 GDP 总量是 7000 亿元左右，有专家指出，按照现在的增长速度，预测到 2028 年将达 2 万亿元，到 2035 年将达 2.5 万亿~3 万亿元。此外，截至 2021 年年底广东省医疗卫生机构有 57955 家，其中医院 1762 家，基层医疗机构 55139 家，专业公共卫生机构 779 家，其他机构 275 家。总之，大湾区庞大规模的医疗资源为发展健康疗养提供了坚实基础。

（五）交通优势：区内拥有发达的交通网络

粤港澳大湾区拥有发达的交通网络，包括高速公路、铁路、航空和海运等。这为区域内不同城市和经济活动提供了便利的连接和流动性。粤港澳大湾区互联互通持续推进，宜居宜业宜游的优质生活圈正在形成，协同发展迸发强劲合力。"港车北上""澳车北上"等机制，正助力港澳与内地民众"往来"升温。7 月 1 日零时起，"港车北上"正式实施，符合条件的香港机动车车主在香港预约通关获准后，即可畅享粤港澳大湾区的出行便利。"港车北上"每次进入内地最长可连续停留 30 天，这也为居民在大湾区内地城市消费和投资提供了利好条件。"澳车北上"自 1 月 1 日实施以来，截至 8 月 6 日，港珠澳大桥边检站已查验港澳单牌车数量超过 55 万辆次，其中，7 月份查验数量超过 12.3 万辆次。统计还显示，"北上"的澳门备案车辆数占澳门私家车的四分之一。深圳市深圳通有限公司与相关支付企业升级合作，上线深圳通

"湾区联动，深港互通，一码通深港"业务。自今年 6 月开始，使用深圳通、支付宝等应用，即可在深港两地扫码乘坐公交和地铁，乘车费用按实时汇率价格进行结算。可见大湾区交通基础设施愈加便利，地区间内部往来愈加频繁，空间联系强度不断提升，"1 小时生活圈"加快形成。

（六）岭南特色饮食文化优势：健康的饮食习惯

遵循"天人合一"的饮食观念是中国传统文化的精髓之一，人们对饮食的追求从保障温饱到如今注重健康，必须意识到人与自然相互依存的重要性。粤港澳大湾区文化同根同源，粤菜也自然成为三地文化的天然纽带。大湾区拥有独特的岭南饮食文化和发达的美食产业，被誉为中国八大菜系之一的粤菜，不仅历史悠久，而且影响广泛，以兼收并蓄的精神不断创新，创造出独特的烹饪技艺，形成博大精深的岭南饮食文化，享誉世界。岭南的地理和气候条件形成了当地特殊的饮食习俗，丰富的物产为粤菜的发展打下深厚的物质基础，广东菜可用"清鲜嫩滑爽香"六字概括其风味特色。一般只用少量姜葱、蒜头做"料头"，而少用辣椒等辛辣性佐料，也不能大咸大甜。粤菜追求原料的本味、清鲜味，这种追求清淡、追求鲜嫩、追求本味的饮食习惯，既符合广州的气候特点，又符合现代营养学的要求，是一种比较科学的饮食文化。

（七）气候优势：适宜的气候环境

由广东省气象局、香港天文台和澳门地球物理暨气象局联合编制的《2022 年粤港澳大湾区气候监测公报》显示，2022 年，粤港澳大湾区平均气温为 22.7℃。粤港澳大湾区拥有极其有利的地理位置。它位于中国南方，濒临南海，拥有漫长的海岸线、众多良好的港口和广阔的海域。南海独特的气候条件也使其成为旅游和度假业的理想场所，为康养旅游项目发展提供了卓越的优势。

二、大湾区康养旅游发展现状分析

大湾区的康养旅游项目均以优质的康养资源为核心支撑，大多数依附于温泉、湖泊、森林资源进行开发，并在区域内已形成一定的康养品牌，形成东部、中部、西部三大康养度假板块。"森林＋温泉"类型逐渐成为粤港澳大湾区康养度假的核心竞争力产品。区内康养旅游发展呈现出以下特点。

（一）康养旅游产品以温泉康养为主，缺乏多元性

广东省温泉资源富集，规模全国领先，粤港澳周边现有近200家温泉景区，可以接待1亿人次。温泉类康养产品呈组团式发展、项目发展较为集中。据广东省国土资源部门统计，目前广东省已发现温泉317处，主要集中在广州、惠州、清远、江门及河源，形成以广州从化、惠州龙门、清远佛冈、江门恩平及河源紫金为核心的温泉度假品牌输出地，其中具备一定规模的温泉旅游景区有130家，被评为国家4A景区的有25家。

温泉康养度假市场规模较大，温泉游客现人年平均频次为4.6，未来按温泉人口占到总人口的60%算，区域温泉旅游市场规模将达2.3亿人次。与接待规模相比，未来区域温泉康养市场空间较大，尤其是优质的温泉精品。

（二）湾区内康养旅游竞争加剧，对产业升级与业态创新要求高

广东不少温泉旅游地已经经历了20年的发展历程，进入转型升级发展阶段，越来越多的企业开始研究温泉养生等新兴业态。湾区内康养旅游地大多位于城郊，共享城市配套，社会配套资源完善，主要以"旅游＋康养＋地产"的模式发展，丰富的休闲游乐体系是打造吸引力的关键。消费客群主要面向粤港澳大湾区康养度假及旅居客群。产业以区域优质的康养资源为核心支撑，大多依附于温泉、湖泊、森林资源进行开发；康养业态以生态休闲、户外运

动、健康疗愈、特色医养为主流。同时，康养地产形态以别墅、叠墅、公寓为主，与传统地产构造相比，木墅型、新中式型等新形态品质康养旅居产品更受市场追捧。

（三）市场新需求要求康养旅游实现高质量发展

随着区域经济快速发展及社会压力攀升，人们越来越追求健康和精神层面的享受，"康养旅居"精致化生活的时代已经来临，粤港澳大湾区高端型康养综合体项目供应较之庞大的康养客源市场需求仍不足，康养市场潜力有待挖掘。在项目开发方面，存在以下几点问题。

一是开发模式。竞争康养项目多以房地产开发为导向，以康养旅居为核心，含有体量巨大的销售地产，影响康养度假品质。

二是投资模式。以传统的重资产投资为主，配套建设传统酒店、商业街、康养大楼、康养医院等投资大，后期运营难度大。

三是业态功能。传统的开发模式以酒店、地产为主要业态，康养、度假、休闲功能业态严重不足，康养度假名不副实。

四是产品特色。产品品质化、特色化不足，在旅游消费升级下不能满足康养度假客群高品质康养度假生活新需求。

新的市场需求，对大湾区内康养旅游产业高质量发展提出了新要求。

三、解构大湾区康养旅游产业高质量发展策略

（一）区内康养旅游发展趋势研判

在大力挖掘康养市场及世界级休闲湾区发展的态势下，大湾区康养文旅向一站式康养度假综合体转变，康养资源仍是康养项目的核心支撑，更加注重全体系康养业态的融合，精品旅居、高端品质成为主流趋势。

一是开发模式转向一站式康养度假综合体。随着整体区域旅游消费升级，康养旅居生活时代已经来临，传统单一的旅游项目向康养度假升级转变，"旅游＋康养＋地产＋×"的发展模式从概念打造转向产品支撑，开发模式向一站式康养度假综合体转变。

二是产品业态依附康养资源聚集，更加注重"健康"理念的融合。经历疫情后旅居客群的健康养生需求高涨，人们更加追求健康和精神享受，市场亟待更全体系的康养产品，康养度假区更加注重其康养业态的组合以及生态体系的构建。

三是现代化、品质化、高端化的品质康养成为主流趋势。依托粤港澳大湾区中国高品质康养度假市场升级需求，区域康养项目的开发更加注重与国际高端接轨，品质康养成为主流趋势。

（二）解构湾区康养旅游产业高质量发展策略

立足粤港澳大湾区核心客源市场，紧抓康养市场升级及产业发展机遇，迎合大湾区康养度假客源高品位旅游消费需求，依托基地生态环境条件及复合康养资源禀赋，助力打造精致化、特色化、品质化的康养度假综合体，实现康养旅游产业高质量发展。

1. 形成行动纲领，继续强化康养旅游产业的政策引领

首先，应该明确康养旅游产业的核心地位。根据大湾区康养旅游发展形势，积极出台相关政策文件，统一思想认识，进行顶层设计，形成政策合力。适时调整旅游产业结构，明确康养旅游的产业定位，将其作为重点产业大力培育。政府、行业、企业之间建立有效的联席会议制度，密切配合和协作，强化产业综合调控能力，为康养旅游产业快速、健康可持续发展提供理性指导。

其次，大湾区应率先全面实施带薪休假制度、弹性工作制度。目前，全国统一实施的放假制度在带来了假日经济的同时，也使康养旅游供给捉襟见

肘。湾区内部各地政府部门可以大胆进行制度创新，全面实施带薪休假制度、分时度假制度，鼓励企业实施弹性工作制度，缓解传统节假日给交通和康养基地带来的巨大客流压力，释放居民康养旅游需求，推动康养旅游产业扩大内需。放假制度的创新，利于生态环境的保护，利于国民进行自主个性化旅行，利于满足湾区居民高品质、高弹性康养需求，利于康养旅游产业的高质量发展。

最后，加强社会支持系统配套。康养旅游产业涉及酒店、餐饮、度假区、医疗、交通、通信、文化艺术等众多行业部门，部门之间协调有序，才能激发经济社会综合效能。大湾区内有支付能力的康养休闲消费群体日益庞大，迫切需要政府在政策、立法、制度建设、社会保障、医保结算、人才培养等方面的系统支持配合。

2. 重视示范作用，拓展康养特色旅游项目

重点培育和创建一批国家级和省级康养旅游示范基地，使之成为康养旅游的先行区、示范区。打造康养旅游产业基地可以结合国家级旅游度假区和省级旅游度假区的评定工作进行编制规划，调整土地性质，优先安排建设用地指标，打造具有示范性的海洋康养旅游度假区、温泉康养旅游度假区、森林康养旅游度假区。对康养企业加大政策扶持力度，支持一批康养企业做大做强，推动产业高质量发展。

（1）城市康养旅游项目拓展

康养旅游产品功能体现在三个方面。一是休闲娱乐功能。城市康养旅游产品必须满足游客对快乐的需求，创新开发娱乐性强、文化内涵高、形式新颖的项目，满足游客个性化、多层次的需求。二是康养功能。城市康养旅游产品要能在生理和心理两方面使游客放松、愉悦同时，还可以强化医疗保健功能。三是自我发展功能。城市康养产品可以为游客提供一个轻松舒适的学习氛围，让游客既能休闲放松，又能掌握新技能、新知识。因此，城市康养旅游产品的关键在于创新，可以利用大湾区的自然资源、人文资源等优势，以精品度假旅游项目为支撑，整合资源，突出特色，重点打造具有特色明显、体验感强、文化内涵丰富的项目。

（2）乡村康养项目拓展

乡村康养项目的拓展，可以结合湾区内部的资源情况，准确进行市场定位。岭南文脉是大湾区的共同文化根系，可以从中挖掘题材，在项目开发中重视提供情绪价值，使游客产生共情。民俗文化是乡村康养项目的亮点，岭南特色的民俗风情、园林建筑、饮食文化、节庆礼仪、歌舞曲艺、寺庙陵墓等，都对湾区内外的游客有着强烈的吸引力。

针对不同年龄层次的游客，可以开发不同主题的乡村康养项目。针对儿童及青少年，可以开发寄宿农庄。乡村是一个接触自然、认识自然的绝佳场所，也是青少年开阔视野、增长见识的绝佳课堂。通过体验农家生活、了解农业知识，进行乡土情感教育，还可以结合目前中小学兴起的研学活动进行开发，寓教于美、寓教于乐。针对中老年人，可以拓展疗养度假项目。湾区的人口老龄化是需要正视的趋势，当前退休的老年居民，大多来自农村，他们对乡村有着难以磨灭的感情，回到乡村，感受淳朴的民风，更能唤起他们对过去的追忆。

3. 加大人才队伍建设，重点解决人力资源短缺问题

康养旅游人力资源短缺问题目前已经十分明显。需要探索开展养生养老与营养、保健、医疗一体化的人才培养机制，加大师资队伍的培训力度，打通职业院校教育、社会力量培训和机构在职培训的横向联系，搭建养生养老服务平台，重视养生养老人才队伍建设，将养老护理员纳入人保、民政部门的培训范围，纳入人力资源数据库。可以借鉴师范生培养制度，制定护理人才培训制度，建立养生养老服务人才队伍培育体系。鼓励高职院校、中职院校开设护理专业，不断充实和壮大人才队伍。

4. 完善康养旅游市场监管体制

首先，要完善康养旅游执法体制，湾区各地可以统一协调，成立康养旅

游质监所，对执法人员进行培训，规范执法检查制度，打击非法经营，整顿市场秩序，调整执法体制架构，加大监管力度。其次，建立集投诉、调解、查处、索赔于一体的投诉服务体系，推进信息化投诉系统建设，利用大数据进行舆情监控，维护良好的市场秩序。最后，统一建立湾区旅游突发事件应急反应指挥中心，及时传递旅游突发事件的数据，准确评估问题，快速做出反应，保障旅游者的生命财产安全。

5. 充分发挥综合优势，促进产业高质量发展

一是在项目开发模式上，从"地产导向"转变为"康养度假导向"建设产品体系，从"以卖为主导"转变为"以经营为主导"，出售、租赁、合作多种方式相结合，各方合作共赢，搭建共建共享共赢的项目开发平台。二是在产品开发模式上，改变大规模、大投入、重资产的传统模式，采用以轻资产为主，轻重结合，突出"精而特、小而美"的产品开发模式。三是在业态功能上，打造温泉康养、森林养生、田园休闲、佛禅养心等系列特色产品，实现度假、康养、旅游、游乐、研学、教育、商务、会议多功能一体化网红康养度假目的地。四是在建筑与景观上，改变大众化建筑形态和追求高容积率的建筑规划，形成游客现代度假需要的低密度、生态化的现代建筑风格，实现建筑设施与休闲景观的和谐一体化，打造动人有吸引力的康养度假空间。五是在产品特色的打造上，以消费者需求为导向构建高品质的休闲景观环境和产品体系，做到景观生态化与休闲化产品差异化与特色化，甚至达到极致的标准，实现多个网红 IP 目标。

参考文献

［1］钱旖雯. 国内康养旅游研究综述［J］. 西部旅游，2021（3）.

［2］李莉，陈雪钧. 中国康养旅游产业的发展历程、演进规律及经验启示［J］. 社会科学家，2020（5）.

［3］谷阳，张雪. 后疫情时代中医药健康旅游的发展和对策分析［J］. 经济师，2021（5）.

［4］裴超.会奖遇到"新风口"——解析疫情之下康养重塑会奖旅游业发展［J］.中国会展（中国会议），2021（2）.

［5］吴后建，但新球，刘世好，等.森林康养：概念内涵、产品类型和发展路径［J］.生态学杂志，2018，37（7）.

［6］唐彰元.大健康时代背景下大容山国家森林公园康养旅游产品开发研究［J］.市场论坛，2020（2）.

［7］朱舒欣，何双玉，胡菲菲，等.森林康养旅游意愿及其影响因素研究——以广州市为例［J］.中南林业科技大学学报（社会科学版），2020，14（3）.

［8］许伟杰，钱丽婷.森林康养发展模式及康养要素分析［J］.现代园艺，2021，44（2）.

［9］陈志广.佛山中医药旅游的发展举措［J］.旅游纵览（下半月），2019（2）.

辽宁森林康养旅游产业数字化的发展现状、动力因素及有效策略研究[①]

孙　一　杜海玲　张　蕾　汪曦之[②]

2019年3月，国家林业和草原局、民政部、国家卫生健康委员会、国家中医药管理局联合发布了《关于促进森林康养产业发展的意见》，意见中着重强调森林康养产业领域要推进"互联网＋森林康养"发展模式，推广运用人工智能、物联网和大数据等技术和装备，实现智慧森林康养，发展与前沿科技结合的新型业态，这种新型业态能够极大促进森林康养旅游产业的多元化和深度发展。辽宁省依托其得天独厚的森林资源和人文历史条件，为当地森林康养旅游产业发展提供了良好契机，但目前辽宁森林康养旅游产业仍存在数字化水平不高、数字技术创新能力欠缺、数据开放共享不足、数字基础设施不完善以及品牌效益不明显等问题。为顺应消费升级趋势，推进以产品和服务数字化、智能化为导向的森林康养旅游产业转型升级，减少低端无效供给。本报告从森林康养旅游数字化理论及内涵出发，概述辽宁森林康养旅游产业数字化的现状，并从内外部两个维度分析提炼驱动辽宁森林康养旅

① 本文为2022年度辽宁省社会科学规划基金项目"辽宁森杯康养产业数字化的动力机制、主要挑战和政策选择研究"（L22BJLO04）成果之一。

② 孙一，博士，辽宁对外经贸学院教授，研究方向为森林康养；杜海玲，辽宁对外经贸学院教授，研究方向为社区和居家养老服务；张蕾，辽宁对外经贸学院助教，研究方向为森林康养；汪曦之，辽宁对外经贸学院助教，研究方向为康养旅游。

游产业数字化转型升级的动力因素，为辽宁森林康养旅游产业发展的有效策略提供理论支撑，也为"两山"理论实践下的林业产业融合发展提供借鉴与思考。

一、森林康养旅游产业数字化转型的概念界定与历程分析

（一）森林康养旅游产业数字化的概念界定

森林康养旅游是指以森林环境为主要治疗手段的健康活动，旨在维护、维持和恢复人类健康，依托优质森林资源，将度假、养生、医疗、康养等理念融入森林旅游度假活动中，既是森林旅游业与健康服务业融合发展的新业态，也是传统森林旅游的消费升级换代产品[1]。森林康养旅游产业数字化是传统森林康养旅游产业受到当前数字化浪潮的影响，利用先进的数字技术设备进行数字化转型，以优化产业服务，满足客户需求，为人们提供全面的健康旅游服务的一种新型业态[2]。

森林康养旅游等生态产业的产品与服务在数字技术、智能设备和专业化服务的推动下，日趋多样化、专业化[3]。传统的森林康养旅游产业通常依靠人工操作和经验知识，存在一些局限性和不足之处，而数字化技术的准确应用可以改善这些状况，通过引入人工智能、物联网、大数据等先进技术和设备，使森林康养旅游产业可以实现智能化管理和精细化运营，提升服务质量和效率，为消费者提供更加精准、个性化的健康服务，利用智能化设备和传感器的监测收集森林环境的相关数据，为消费者量身定制康养方案和建议，使人身心得到健康发展，数字化转型已经成为传统森林康养旅游产业向多元化、深层次发展的有力助推器。

（二）森林康养旅游产业数字化的发展历程

1. 第一阶段：森林康养旅游产业数字化发展的萌芽期（1980—2002 年）

在 1980 年代，中国台湾农林林业部门和研究员 Liu（1984）分别发表了《森林沐浴——最新健身》和《森林沐浴——绿色健身》[4]，而内地森林康养旅游的研究更多是从森林利用的角度来解释森林的健康效益，并对传统的生态养生理念进行延伸和发展，较少对森林与人类之间的医疗关系展开科学评估和监测研究，也缺乏阐明两者之间的医学关联的科学依据。这一阶段的森林康养旅游研究具有一定的科研意识，但尚未形成全面的森林康养旅游研究科学体系[5]。数字化的研究多聚焦于组织的数字技术或信息化创新等场景，Adner 等（2001）探讨了互联网时代创新选择和消费者需求在数字技术发展过程中的相互作用[6]，此时的数字化在森林康养领域尚处于探索和初步应用阶段[7]。

2. 第二阶段：森林康养旅游产业数字化发展的融合期（2003—2015 年）

中国 SFGA 的对外项目合作中心（FPCC）和北京市景观林业局（BMBLF）于 2012 年引入日本森林治疗的概念和模式，2015 年政府启动首批森林康养基地试点建设工作，探索森林氧吧、康养旅游、森林书屋等产业形式建设活动[8]，这标志着国内森林康养旅游产业实践的开始[9]。这一时期的数字化研究主要聚焦在以数字技术为基础的产业变革与商业价值创造等场景[10]，Karimi 等（2015）通过对美国报刊产业的实证研究，确定了动态能力在应对数字化转型过程中的颠覆性创新作用，为数字化营销与推广策略提供了理论依据[11]。企业通过分析大数据和人工智能技术应用，可以深入挖掘用户需求和偏好，有效推进森林康养产品的定制化和个性化，使企业能够基于用户数据分析精准制定营销策略，将相关康养产品精确推荐给不同目标客户群体[12]。

3. 第三阶段：森林康养旅游产业数字化发展增速期（2016年至今）

2016年，安吉县、洪雅县等成为国内第一批森林康养示范区，四川颁布了国内首个森林康养评定指南，示范区建设与评定指南的推出，进一步加强了我国森林康养旅游产业的实践和发展，全国已陆续开展了3批森林康养基地建设工作，为后续基地建设奠定了基础。与此同时，在数字化研究领域，学术界和产业界开始关注企业如何通过构建平台和生态系统等场景来实现数字化转型[13]，Imtiaz & Kim（2019）通过深入了解旅游产业数字化转型的基本情况和商业模式，提出了重塑客户价值主张和战略运营模式的建议，以促进旅游产业的数字化转型[14]。当下浙江仙居县的康养产业基于此开展了多跨场景应用的建设，重点打造包括管理端、客户端在内的创新康养产业、数智应用、服务企业、服务社会的康养产业大脑，并且整合了多部门的康养资源，有效为我国森林康养旅游产业数字化发展增速[15]。

二、辽宁森林康养旅游产业数字化的发展现状

（一）辽宁森林康养旅游产业的基本概况

自2015年以来，全国已有27个省（区、市）先后开展了森林康养基地建设。从林区经济发展和大健康产业发展需要出发，国家林业和草原局联合多部门启动全国森林康养基地试点建设单位评选工作，根据森林资源质量、交通条件、食宿接待、经营能力以及康养条件等评价指标进行评议和审定。目前，已评选9批，其中以企业为经营主体的中国北方森林康养基地试点建设单位552家，各省分布情况如表1所示，辽宁以企业为经营主体的森林康养旅游基地试点建设单位27家。

表1　以企业为经营主体的中国北方森林康养基地试点建设单位各省分布情况

单位：家

序号	省份	第一批	第二批	第三批	第四批	第五批	第六批	第七批	第八批	第九批
1	黑龙江省	2	—	5	6	4	23	6	6	9
2	吉林省	4	9	3	8	11	3	2	—	1
3	辽宁省	1	2	1	—	6	7	4	4	2
4	北京市	—	1	1	1	1	2	1	—	—
5	天津市	—	—	—	—	1	1	—	—	—
6	河北省	—	—	1	4	3	1	—	1	—
7	新疆维吾尔自治区	1	2	4	—	1	—	—	—	—
8	内蒙古自治区	—	4	4	6	7	4	6	4	5
9	宁夏回族自治区	1	—	—	—		1	—	1	1
10	山西省	1	—	2	9	25	37	15	4	6
11	山东省	—	2	3	8	—	25	17	6	9
12	河南省	1	8	7	15	24	17	12	11	11
13	陕西省	—	2	1	1	14	7	1	4	8
14	甘肃省	—	—	—	—	5	6	5	5	5
15	青海省	1	—	2	3	5	2	—	—	—
合计		12	30	34	107	61	136	69	46	57
		552								

数据来源：根据中国林业产业联合会森林康养分会相关资料整理汇总。

注："–"代表该省（区、市）没有参与本批次评选申报。

截至 2023 年 11 月，已在全国选出全国森林康养基地试点建设单位 1682 家，覆盖全国 30 个省、自治区、直辖市，森林康养人家 216 家，县（市、区）级森林康养试点 146 家，乡镇级 169 家，建设单位 1151 家。中国北方森林康养单位 672 家，占比约为 40%，以企业为经营主体的森林康养基地试点建设单位 552 家，占比约为 33%，说明北方森林康养旅游产业整体发展落后于南方，存在区域发展失衡问题。造成这一现象的主要原因包括康养认知不足、传统理念制约、产业规划滞后、人力资源匮乏、项目设计缺陷、行业标准缺乏等[16]。辽宁位于中国东北地区的南部，森林康养旅游产业发展也同样存在着一些问题。

（二）辽宁森林康养旅游产业发展存在的问题

辽宁地区的森林资源得天独厚，具有众多的森林公园、湿地公园等，森林康养旅游产业前景广阔，包括优化森林康养环境、完善森林康养基础设施、丰富森林康养产品、建设森林康养基地、繁荣森林康养文化、提高森林康养服务水平等。但森林康养旅游产业仍存在不少问题，主要表现在森林康养旅游市场需求疲软、社会参与积极性不高、森林康养旅游产品定位失衡和森林康养旅游人才供给失衡等方面，具体如下。

1. 森林康养旅游市场需求疲软，群众对森林康养旅游认知度较低

辽宁地区的森林康养旅游产业起步较晚，普通群众仍简单地理解为森林场景旅游，忽视了在森林养生和康复疗养等方面的作用，存在对森林康养旅游的社会认知不足问题，导致森林康养旅游消费意愿降低。同时，由于目前森林康养旅游的吸引力还不够充分，市场参与者不愿意投资森林康养旅游产业和产品，因此需要提高公众和企业参与者对森林康养旅游的热情，增加市场吸引力。

2. 森林康养旅游社会参与积极性不高，森林康养旅游产业止步不前

森林康养旅游产业运营需投入大量人力、物力和财力成本。这几年受新

冠疫情的抑制影响，旅游客源一直在减少，市场整体不景气，企业自身、群众参与发展意愿不强。同时，森林康养旅游产业属于重资产，典型特征是投资规模大、回报见效慢。这些都会导致大部分社会资本对森林康养旅游产业望而却步。

3. 森林康养旅游产品定位失衡，质量服务供给不足

森林康养旅游顺应新时代经济、社会发展需求和消费升级的趋势，为城市居民解决亚健康问题提供了新的方案。辽宁地区具有得天独厚的森林康养旅游自然资源和区域优势，但并没有形成与自身资源相匹配的旅游经济。没有高质量产品和服务供给，打造"绿色品牌"，助力森林康养旅游产业做大做优做强，是影响产品定位失衡的主要原因。

4. 森林康养旅游人才供给失衡，缺少专业技术等知识

森林康养旅游涉及休闲、康养、运动和养老等多方面的专业知识和专业人才，这已成为影响森林康养基地快速发展的重要因素。但目前，辽宁地区森林康养旅游产业刚刚起步，大部分森林康养旅游从业人员来自旅游行业，缺乏护理学、医学和林学等相关专业知识，呈现出专业人才供给不足的状态。此外，行业标准体系不完善、管理技术不成熟，也是人才供给失衡的原因。

（三）辽宁森林康养旅游产业数字化的发展现状

1. 辽宁森林康养旅游产业基地分布呈"辐射聚集"现象

大部分森林康养基地倾向建立在自然资源、旅游资源、人口经济、GDP、基础设施条件较好的地区[17]，我国森林康养基地的分布也遵循了这一规律。相比中、西部经济带，东部经济带拥有的森林康养基地较少，不同经济带的森林康养基地在空间分布上具有明显的特色[18]。辽宁地处我国东部经济带，从省外角度看，辽宁森林康养旅游基地空间分布呈现疏散状态，但存在着一定的集聚趋势。从省内角度看，不同市域间的森林康养旅游基地数量存在较大差异，呈现出"大辐射小集聚"的特点，辽宁的森林康养基地多集中在辽东、辽南、辽西地区。这些地区在自然风景、生态环境和文化资源方面具有独特的优势，能够为森林康养旅游产业的发展提供有利条件[19]，因而该地区的基地分布较为密集。

2. 辽宁森林康养旅游产业数字化对需求端和供给端产生积极影响

（1）辽宁森林康养旅游产业数字化对消费者意愿及体验产生显著正向影响。从需求端的消费者个体层面来看，消费者对森林康养等生态旅游行业的消费意愿有逐渐增强的趋势。Kim 等（2018）认为游客满意度的提高能够显著地增强游客对当地忠诚度[20]、重游度和推荐度的提升[21]。辽宁森林康养等生态旅游数字化转型后增添的设施与服务能对消费者满意度产生显著的正向影响效应，2023 年"五一"期间辽宁省接待游客量同比增长 140.87%，旅游总收入同比增长 384.03%[22]，数字化生态旅游、森林旅游带来的收入在其中占据了一定的比重。

（2）辽宁森林康养旅游产业数字化对服务效率与质量的提升具有较大利好。从供给端的企业创新方面来看，辽宁森林康养旅游数字化转型可以节省企业的用人成本，提高服务效率与服务质量，科尔科斯等（2023）认为，设置道路智能化标识是一种以主观引导的森林游憩方式，它可以提供简短且有效的游憩信息，保持参与者对实际事物的关注，避免繁重的认知处理，提高消费者的感官体验[23]。近年来，辽宁一部分森林康养、生态旅游基地在林下休闲等步道中设计了数字化向导，游客可直接看到显眼的标识或使用智能手机扫描二维码检索合适的路径，消费者体验极大增强的同时也提升了产业的服务效率与质量[24]。

（3）辽宁森林康养旅游产业数字化经营所产生的经济效益总体呈增长趋势。从产生的经济效益方面来看，森林康养旅游数字化将成为我国发展低碳经济的重要突破口，是实现林业转型升级、生态扶贫的必然趋势。2018 年，中国森林旅游和康养超过 16 亿人次，同比增长超过 15%，创造社会综合产值近 1.5 万亿元，较之前年有大幅度增长。2021 年，辽宁省林业旅游、康养与休闲人次达到 2741 万人次，收入达 78 亿元，人均消费 288 元，直接带动其他产业产值达 86 亿元，其中旅游业收入达 48 亿元[25]，康养与休闲收入达 30 亿元。全省现有国家级森林康养试点基地 27 家，产业收入情况略有波动，但总体呈上涨趋势，森林康养、休闲旅游数字化为辽宁省林业第三产业的产值提升发展提供了新的增长点。

（4）辽宁森林康养旅游产业数字化使服务产品与开发模式不断丰富拓展。从产业服务、产品开发方面来看，数字化能够有效丰富拓展产业服务、产品开发模式。谢一帆等（2021）认为具有更多深度体验型产品以及注重产品多样化的企业，其消费者消费意愿更高，基地营收情况也相对较好。辽宁省森林康养基地在发展前期的产品供给存在显著的地区异质性，不同的城市受发展条件、时间、文化等因素的影响，所能提供的森林康养服务和产品也存在较大差异。辽宁省基地内部和周边产品设计、森林康养资源条件、规模以及观赏游憩丰富度的开发建设方面相较于其他城市有所欠缺[26]，设施与服务、补充设施与服务均不够完善，随着政策扶持、示范基地建设、投融资渠道拓宽等措施落实，全省森林康养旅游产业数字化的服务产品与开发模式正在不断丰富拓展。近年来，在"旅游＋生态"模式下，辽宁省推出了一些以绿色消费为主旋律的绿色创新产品，以及在"旅游＋养生"模式下的老年生态游、养生文化游、医疗保健游、运动养生游、身心释放游等多元产品。

三、辽宁森林康养旅游产业数字化发展的动力因素

（一）外部动力因素

1. 政府政策宏观调控，加大经济支持和推广宣传

辽宁省政府对于森林康养旅游产业的支持是数字化发展的重要外部因素之一。随着国民生态意识的进一步增强和对健康需求认识的提高，政府相关

部门开始重视森林康养旅游所提供的健康益处和数字化为产业带来的效率提升，并积极与林业等部门展开合作，共同推动立法、政策建议的实施，促进辽宁森林康养旅游产业数字化发展。在近期政策中，政府将通过财政补贴、税收优惠等方式鼓励森林康养旅游产业进行数字化转型，并加大对数字化技术的经济投入，支持森林康养企业开展数字化技术研发，鼓励企业采用数字化技术提升生产效率和产品质量，促进森林康养旅游产业数字化转型[27]。同时，加大对辽宁森林康养旅游业"绿色品牌"的推广宣传力度，吸引内外地游客，增加客流量。

2. 消费结构优化升级，消费者需求向高质量变革

消费者需求向高质量变革是辽宁森林康养旅游产业数字化的一个重要外部因素[28]。近年来，由于我国经济发展，城乡居民消费结构正在由生存型消费向发展型消费升级，由物质型消费向服务型消费升级，由传统消费向新型消费升级。当下国民经济增长的主导力量是消费，2017 年我国居民最终消费支出对经济增长的贡献率达 58.8%，恩格尔系数在 39% 以下是富裕水平，而我国城镇居民的恩格尔系数已下降为 29.3%。此外，居民在健康、保健方面的消费明显增加，消费阶段正在从大众消费转向高质量生活消费，高质量的消费升级会伴随着新的消费需求，这就要求辽宁森林康养旅游行业对消费市场的定位要更加精准，从而引领产品服务和产业的改变，促进辽宁森林康养旅游产业服务体系、技术升级。所以消费者的需求变革也是推动辽宁森林康养旅游产业数字化转型的重要动力之一。

3. 森林康养旅游方兴未艾，各地品牌竞争逐渐加大

我国各地康养旅游产业的发展状况因其资源和环境的不同而存在差别，品牌的打造思路和策略也不尽相同。近年来，其他各省关于打造森林康养旅游数字化转型的创新思路层出不穷，收效反响极好，这对于辽宁森林康养旅游产业来说，因外部品牌的竞争日益激烈所产生的压力也是产业创新发展的动力。各省的森林康养旅游产业规划开展如火如荼，并因地制宜，在本地原有资源基础上进行创新[29]，黑龙江省的森林康养旅游基地得益于独特的气候类型和地形地质，因此，打造品牌时注重与当地独特的冰雪文化和医养资源相结合，吉林省通化市辉南县则根据"农业＋医疗保健"的发展思想，重点建设智能农业庄园、湿地公园，将中药种植与景观相结合，发展具有当地特色的森林康养旅游产业[30]。

外部品牌竞争压力可以适当地转化为辽宁森林康养行业数字化发展的动力。辽宁省东部地区森林景观资源、人文资源也同样丰富，发展森林康养具有得天独厚的优势。康养旅游企业应明确其他品牌以及自己的优劣势，在巩固延长六要素产业链的基础上，引入"文、商、养、学、闲、情、奇"等新要素的相关产业，在服务中应用前沿技术，丰富旅游产品的供给，使产业链纵向延伸，宣传以健康为核心、亲近绿色、体验自然的服务理念，形成健康产业链，在品牌竞争中发挥自己的优势从而吸引消费者，与其他外部品牌形成良性竞争。

（二）内部动力因素

1. 森林康养旅游产业供需匹配得当，消费者消费意愿不断增强

消费者意愿增强，需求可以匹配供给。由于快速城市化和城市扩张，森林、绿色和水体等自然生态系统受到不利影响，城市地区附近自然环境遭到污染，食品安全和工作压力也在影响着人们的健康和生活质量，人们越来越关注自己的心理和生理健康，而森林环境下的康养旅游对人体健康会产生积极影响，如进行森林游憩活动具有降低血压，脉搏率和交感神经活动等益处[31]，能够有效缓解城市工作者的焦虑感、疲劳感，所以消费者的森林康养消费意愿日益增强。此外，随着辽宁人口老龄化趋势增强，寻找适合的养老模式也成为一个值得重视的问题。森林康养旅游以森林为根基、以健康为目的，是一种环境友好、资源节约型的生活、养生方式，也是一种合适的养老模式。伴随着城市居民康养保健意识的增强、森林康养度假的普及，越来

越多对森林康养旅游作用认知程度高、健康消费心理账户数额大的城市居民，认为生态旅游有益于身体健康，对参与森林康养度假消费表现出强烈的意向[32]。

产业数字化转型升级，供给可以匹配需求。近年来，辽宁森林康养旅游产业为了能更好地满足消费者的需求，也在不断修建完善产业设施，提升服务质效，产业进行数字化转型则可以更好地满足当下消费者对于森林康养的个性化需求。通过数字化技术实现定制化服务，提高消费者的体验和满意度，反过来，消费者的满意度对重游度、推荐度也会产生较强的影响。景区数字设施的应用会提高消费者对景区的满意度，进而提高消费者对景区的忠诚度[33]。另外，数字化技术可以帮助辽宁省森林康养旅游企业提高产品的透明度和可追溯性，增强消费者对于产品的信任感。产业进行数字化转型升级，能够积极匹配需求，力求达成高水平的动态平衡，形成良性循环。

2. 数字化技术设备不断升级，森林康养旅游产业服务功能完善

数字化与产业融合的趋势增强，数字化技术以及产业建设策略的不断创新，是促进辽宁森林康养旅游产业数字化转型的内部动力。这些技术和策略可以帮助企业提高服务效率，降低成本，提升企业竞争力。在企业管理方面，通过大数据分析技术，企业可以更好地了解消费者需求，开发出更符合市场需求的产品[34]，人工智能技术的应用也可以帮助企业实现智能化管理，提升生产效率和产品质量。在产品服务升级方面，基于机器学习的物联网感知医疗智能系统可以增强患者和医生的互动，云服务正在帮助医疗保健用户相互沟通，传感器帮助患者将数据发送到医疗保健系统，该数据可以包括不同类型的信息，如温度、血糖水平、心率等，大数据系统为高效监测消费者的健康状况提供了有力技术支持[35]。此外，使用多标准（MCE）方法来监测森林道路网络，能有效加强环境整合的同时也能提升企业监测效率，减少成本，完善产业服务功能。

3. 企业人力成本管控风险降低，产业资源得到有效合理配置

人力成本的合理控制是每一个企业都需要重视的问题，适当的人力成本管控可以增强企业核心竞争力。人力成本管控可以为辽宁森林康养旅游产业实现长久的可持续发展增添内部动力。目前，辽宁的大部分森林康养企业仍然处于较低的发展水平，面临着人力、土地、技术等资源环境约束，而数字化转型可将产业资源优势与网络化、智能化相叠加，提高产业各个生产与发展环节的灵活度与精细性，有助于辽宁森林康养企业更好地控制人力成本，从而形成配置辽宁森林康养旅游产业资源的相对优解。

将数字化融入企业成本管理的各环节，有助于企业动态了解相关服务或产品的市场价格，基于价值链的视角开展人力成本管控工作，规范化成本管理，建立信息化的数据平台，提高各部门、各环节的协作能力，与预算编制等相结合，加强资金管控，在多层面形成合力减小企业的人力成本管控压力，有效推进森林康养企业数字化的平稳经营，使资源得到合理配置，进而推动辽宁森林康养旅游产业数字化的长久可持续发展。

辽宁森林康养旅游产业数字发展的内外部动力因素相互作用，其因果反馈关系如图 2 所示。

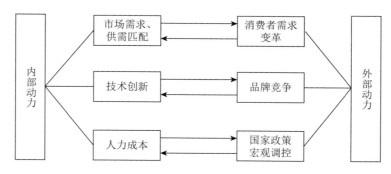

图 2　各动力因素间因果反馈关系

四、辽宁森林康养旅游产业数字化发展的有效策略

（一）加强相关基础研究，提升辽宁森林康养旅游产业数字化发展质效

基础性研究是产业创新的重要驱动力，我国森林康养旅游的有效性研究尚在初始阶段，研究体系还不够全面，有关森林对人体健康有效性的基础性研究较少，只有把森林康养旅游对促进人体健康的有效性进行量化、标准化的实证研究，对医疗机构才会有说服力，从而更好地被民众所接受[36]。

研究机构应开展循证医学研究，收集实验数据，开展系统的森林康养旅游研究，开发出完善的基础研究体系，进行基础研究时需要注意立足全球视野，对比学习其他国家的最新研究成果，以保持自身研究的先进性与积极性，鼓励研究机构专注于研究和技术开发的不同视角，并在原创性研究中发挥主导作用，加强对森林健康功能的定量和定性研究。另外，如何更好地应用最新的研究成果解决实际问题，仍然是广大研究者和实践者不可忽视的重点，在已有成果的基础上，研究人员需要积极探索新的理念，与决策部门合作，最大限度地发挥森林旅游的健康功能，让广大民众享受到森林康养旅游益处。

（二）培养定向专业人才，助力辽宁森林康养旅游产业数字化做优做强

森林康养旅游是一门涉及林学、医学、心理学、管理学、教育学、旅游学等多个领域的综合性学科，它包括了广泛而复杂的研究领域和服务类型。总结各国森林康养旅游产业发展的实践经验，结合我国目前森林康养旅游产业发展的实际，发展教育培训业、健康休闲业、养老业相融合的森林康养旅游产品体系，是促进森林康养旅游产业持续发展的源动力[37]。因此，在培养

人才中需重视跨学科交流合作，多学科参与，培养多背景的专业人才。

目前，国内为培养森林康养专业定向人才，已经有多所高校建立了森林康养旅游相关专业，为森林康养旅游的发展奠定了重要基础，辽宁森林康养旅游产业可以通过"线上课堂＋线下实践"的方式，培养对森林环境有良好认识的森林治疗师和森林向导，并在培训中适当融入当地优秀传统文化或医学的知识，赋予森林康养旅游产业数字化以及当地特色内涵，培养当地产业所需的人才，助推辽宁森林康养旅游产业数字化发展。

（三）推动当地共建共享，释放辽宁森林康养旅游产业数字化发展红利

辽宁具有得天独厚的森林康养旅游的自然资源和区域优势，但并没有形成与自身资源相匹配的旅游经济。一方面，由于疫情、季节等因素影响，旅游收入经常出现大幅波动。另一方面，由于没有高质量的产品和服务供给，没有形成知名品牌。如何借鉴其他国家和地区的经验，结合辽宁区域自然资源特征，满足不同需求的产品分级，为客户提供丰富的康养旅游体验，打造辽宁旅游业的"绿色品牌"问题亟待解决。

为此政府制定的政策需与产业形成良性互动，共同推进当地共建共享，增加资金投入，支持和规范森林康养旅游基地的建设，并进行管理认证。同时，针对不同人群的具体健康需求制定量身定制的引导政策，如老龄人口患病率高，尤其是长期疗养的慢性疾病在老龄群体中普遍存在，医疗康养服务是老龄消费者在森林康养旅游中的核心需求，据此企业需要专门定制老龄消费者的医疗康养旅游服务[38]，政府可以考虑将森林康养旅游活动的相关费用纳入国家或地区的医疗保险体系，提升人民的整体幸福感和生活平衡感。此外，随着森林治疗师的培训和认证制度的完善，政府可以培训熟悉森林环境的森林向导[39]，使他们能够引导公众深度融入森林，最大限度地享受自然带来的健康效益。企业也要不断丰富创新森林康养旅游服务产品，注重与当地

特色文化相结合，通过共建共享为消费者提供优质体验。

参考文献

［1］Zhang Zhiyong，Peng Wang，Yue Gao，et al. Current Development Status of Forest Therapy in China ［J］. Healthcare 8，2020（1）：61.

［2］Khin S，Ho T. Digital technology，digital capability and organizational performance：a mediating role of digital innovation ［J］.International Journal of Innovation Science，2018.

［3］Lusine Margaryan. Nature as a commercial setting：the case of nature-based tourism providers in Sweden ［J］. Current Issues in Tourism，2018（21）：16，pp：1893-1911.

［4］Liu，H. Forest Bathing—Green Fitness; Taiwan Dazhan Press Co.，Ltd.：Taibei，Taiwan，1984.

［5］Zhang Z，Ye B. Forest Therapy in Germany，Japan，and China：Proposal，Development Status，and Future Prospects ［J］. Forests，2022，13（8）：1289.

［6］Adner R，LEVINTHAL D. Demand heterogeneity and technology evolution：Implications for product and process innovation ［J］.Management Science，2001，47（5）：611-628.

［7］Thayyib PV，Mamilla R，Khan M，et al. State-of-the-Art of Artificial Intelligence and Big Data Analytics Reviews in Five Different Domains：A Bibliometric Summary ［J］. Sustainability，2023，15（5）：4026.

［8］《关于启动全国森林康养基地试点建设的通知》，中国林业产业联合〔2015〕85 号。

［9］Jingyu，S，Mingchang，S.. Skeleton of digital forest park system：a case study of the construction of wangyedian digital forest park system in inner mongolia ［J］.Journal of Northeast Forestry University，2007.

［10］Wei，C.. Problems and countermeasures in course of digitalization construction of forestry enterprise ［J］.Forest Engineering，2005，61（584）：1360-1367.

［11］Karimi J，Walter Z. The role of dynamic capabilities in responding to digital disruption：A factor- based study of the newspaper industry ［J］.Journal of Management Information Systems，2015.32（1）：39-81.

［12］Federico Lingua，Nicholas C Coops，Verena C Griess. Assessing forest recreational potential from social media data and remote sensing technologies data ［J］. Ecological Indicators，2023（149）：110-165.

［13］Li T，Cui Y，Liu A. Spatiotemporal dynamic analysis of forest ecosystem services using "big data"：A case study of Anhui province，central-eastern China ［J］.Journal of Cleaner

Production，2016（142）：589-599.

［14］Imtiaz S，Kim D J. Digital transformation：development of new business models in the tourism industry［J］.Culinary Science & Hospitality Research，2019（25）：91-101.

［15］根据仙居县人民政府网站，仙居县自然资源和规划局 2022 年工作总结和 2023 年工作计划等相关文件整理。

［16］张聪，夏邵刚，王留成.湖南森林康养基地成长模式［J］林业与生态，2021（9）：12-13.

［17］You S，Zheng Q，Chen B，et al. Identifying the spatiotemporal dynamics of forest ecotourism values with remotely sensed images and social media data：a perspective of public preferences［J］.Journal of cleaner production（Mar.20），2022：341.

［18］胡舒雯.中国森林康养基地空间分布及驱动力研究，湖南师范大学出版社，2020 年.

［19］Xue C，An Y.. Study on Functional Layout of Forest Health Care Base Based on Visual Effect of Landscape：A Case Study of Beijing Mangshan National Forest Park［J］. MATEC Web of Conferences，2019（267）：4-17.

［20］Kim K Y J. A research on recognition and demand of urban residents about introduction of mountain ecotourism［J］.Forest Science and Technology，2018.

［21］Kolkos G，Stergiadou A，Kantartzis A，et al. Effects of forest roads and an assessment of their disturbance of the natural enviroment based on GIS spatial multi-criteria analysis：case study of the University Forest of Taxiarchis，Chalkidiki，Greece［J］.Euro-Mediterr J Environ Integr8，2023：425-440.

［22］播报文章：“五一”假期辽宁省文旅市场持续火爆，旅游总收入同比增长 384.03%［N］.辽沈晚报，2023-05-04.

［23］Gai L，An Y，Sun W. Research on Forest Health Industry Based on Wanghong Economy—Taking Forest Health Industry of Sucun Township as an Example［J］.Journal of Physics：Conference Series，2020，1622（1）：12-57.

［24］辽宁省第一批智慧旅游景区名单的公示，辽宁省文化旅游厅，2023 年 2 月 8 日。

［25］关于省政协十二届五次会议第 0468 号建议的答复（关于促进辽宁省林业经济高质量发展的建议），辽宁省林业和草原局，2023 年 1 月 11 日。

［26］谢一帆，熊伟，秦光远.中国森林康养基地供给产品的特征分析——基于 77 家森林康养基地的调查［J］.林产工业，2021（9）：84-90.

［27］省政协十二届三次会议《关于加快推进辽宁省东部地区森林康养旅游产业发展建议的答复》（0264 号建议）提案的答复，辽宁省林业和草原局，2020 年 11 月 2 日。

［28］Ciocoiu C. N.. Integrating digital economy and green economy：opportunities for sustainable development［J］. Theoretical and Empirical Researches in Urban Management，2011，6（1）：33-43.

［29］Liu J，Hou J，Zou R，et al. Assessment of Forest Health Value：A Case Study in Sanming City，Fujian Province，China［J］. Polish Journal of Environmental Studies，2022，31（3）：2709-2715.

［30］Yanlei，Shi，Yonggang，et al. Research on Forest Health Industry Planning Based on the Concept of Comprehensive Health—Take Huinan County Forest Health Industry as An Example［J］.IOP Conference Series Earth and Environmental ence，2023.

［31］Sonntaget M E，Stenlund T，Nordin M，et al. nature's effect on my mind – patients' qualitative experiences of a forest-based rehabilitation programme. Urban Forestry & Urban Greening［J］，2015，14（3），pp.607-614.

［32］李英，韩强，安颖.城市居民森林康养意愿的影响因素［J］.东北林业大学学报，2020（12）：70-74.

［33］许伟胜，辛雅儒，申晨.数字旅游对游客旅游意愿的影响——基于杭州市调查数据的实证分析［J］.经济研究导刊，2022（33）：131-135.

［34］Zhao Wu，Zhiye Liang，Binrong Li. "Realizing a Rural Sustainable Development through a Digital Village Construction：Experiences from China". Sustainability 14［J］，2022（21）：14.

［35］Aldabbas H，Albashish D，Khatatneh K，et al. An architecture of iot-aware healthcare smart system by leveraging machine learning. The international arab journal of information technology［J］，2022：19.

［36］陈心仪.我国森林康养产业发展现状与展望［J］.报，2021，43（S1）：50-52.

［37］韩立红，田国双，高环.产业融合对森林康养产业发展的影响［J］.东北林业大学学报，2021（8）：100-105.

［38］刘斌，闫蝶深，浦旎，等.基于云模型的森林康养产业供需维度可视化研究——以东北三省老龄人口的调查数据为例［J］.林业经济，2022（4）：19-37.

［39］Zhang T，Deng S Q，Gao Y，et al.Visitors' satisfaction and evaluation to walk on the trails of forest：evidence from the national forest of Akasawa，Japan［J］.IOP Conference Series：Earth and Environmental Science，2020，594（1）：12.

荣成市康养旅游发展现状与创新性路径研究

周金芳　董昭胜　朱晋宏[①]

康养旅游作为新兴的旅游形式已上升到国家战略层面，并持续在政策上予以强化支持。2016 年 10 月，国务院印发《"健康中国 2030"规划纲要》，并从中指出，应发展健康服务新业态，积极促进健康与田园、养老、文化、旅游、互联网、健身休闲、食品融合，催生健康新产业、新业态、新模式，并强调未来 15 年，是推进健康中国建设的重要战略机遇期[1]。2021 年 4 月，文化和旅游部印发《"十四五"文化和旅游发展规划》（文旅政法发〔2021〕40 号），指出发展康养旅游，推动国家康养旅游示范基地建设[2]。2022 年 8 月，中共中央办公厅、国务院办公厅印发《"十四五"文化发展规划》，指出推动旅游与现代生产生活有机结合，加快发展度假休闲旅游、康养旅游、研学实践活动等[3]。2023 年 2 月，国务院印发《质量强国建设纲要》，指出提升旅游管理和服务水平，规范旅游市场秩序，改善旅游消费体验，打造乡村旅游、康养旅游、红色旅游等精品项目[4]。在国家政策端口，整体上实现了由康养旅游业态向康养示范基地、康养旅游活动和康养旅游项目的全覆盖性支持。

---

① 周金芳，哈尔滨理工大学荣成校区经济管理系副教授，旅游管理专业主任，研究方向为文化与旅游规划、乡村旅游开发等；董昭胜，荣成文旅局局长；朱晋宏，新锦成文化旅游控股公司常务副总经理。

荣成市地处山东半岛最东端，三面环海，海岸线长 500 余千米，是祖国大陆海岸太阳最早升起的地方。这里海岸蜿蜒、岬湾相连、景致宜人，拥有悠久的历史文化、优渥的生态环境和丰富的旅游资源，曾荣获联合国人居署授予的"联合国人居范例奖"，并与联合国开发计划署开展"黄海大海洋生态系多营养层级"合作研究，荣成市的生态休闲度假资源、健康海产技术品质、城乡人居环境资源等得到世界认可。近年来，荣成市贯彻新发展理念，因海而兴、向海图强，全力做好经略海洋文章，努力打造以海洋生态为载体的文化旅游、医疗健康、养生养老和休闲度假等产业深度融合发展全新格局。

一、荣成市康养旅游基础情况

荣成市发展康养旅游有着良好的自然条件和社会基础，并已经培育了良好的康养旅游产业基础，目前已形成海洋休闲、房车露营、滨海康养、海洋食品等七大重点产业集群，突出产业融合创新，按照"旅游+"思维，将景区、酒店、民宿、交通、康养、餐饮、购物、文创等串联发展、一体融合，推出全龄段、全季节的文旅康养产品体系。

（一）荣成市康养旅游发展的自然条件

1. 气候康养旅游资源

荣成市位于北纬 37°，这是世界公认的黄金纬度，这条纬度线上尽是人类文明荟萃和文史胜迹聚集之地。荣成市属于北温带季风型大陆性气候，四季分明。与同纬度内陆地区相比，荣成市具有雨水丰富、气温适中、气候温和的特点。受海洋的调节作用，该城市表现出春冷、夏凉、秋暖、冬温，昼夜温差小、无霜期长和湿度大等海洋气候特点。年平均温度为 12.3℃。

2. 空气康养旅游资源

荣成市空气环境质量连续 6 年达到国家二级标准，环境空气质量居全省首位，入选首批国家生态文明建设示范市。2021年，荣成市区域内城镇空气质量优良以上的监测天数占全年监测总天数的比例达 97.5%，区域内 $PM_{2.5}$ 年平均浓度下降幅度为 10%。

3. 滨海康养旅游资源

荣成市北、东、南三面濒临黄海，海岸线曲长达 491.9 千米，分布 10 个海湾、115 个大小岛屿，拥有滩涂 15 万亩。荣成市海岸线绵长、海滩沙质好、坡度平缓，拥有好运角国家级旅游度假区、石岛湾省级旅游度假区、那香海文旅小镇等滨海精品旅游资源。

4. 森林康养旅游资源

荣成市拥有韦德山和铁槎山 2 处国家级森林公园、森林公园、森林疗养运动公园等，同时拥有万亩涵养沙滩和保持水土的黑松林，黑松林释放的丰富氧离子，也被称为"大气维生素"。

5. 温泉康养旅游资源

荣成市拥有多个温泉康养中心，目前较有代表性的为那香海森林温泉，那香海温泉设有 2 个温泉会所、5 个室内泡池和 21 个露天泡池。内部功能布局包含大堂茶吧、生活馆、淋浴区、坐浴区、休息大厅、按摩包房、森林自助餐厅等。依托那香海景区深入挖掘海洋、沙滩、森林、温泉、中医药等旅游资源开发潜力，打造滨海康养、森林康养、温泉康养、中医药康养、运动康养等新业态，建设集文体娱乐、休闲旅游、健康养生等多功能于一体的旅游吸引物体系。

6. 海洋产品康养资源

一方水土孕育一方瑰宝，得益于得天独厚的山海资源优势，荣成市"山珍海味"物产丰富，荣成市美味飘香四海。例如，荣成市的海参品质优良，其体形肥满，肉质鲜嫩，口感清爽，味道鲜美，营养丰富。荣成市的海胆俗称"大刺螺""海中刺客"，其外壳坚固，体形略呈球状，全身披长棘，味道鲜美，营养丰富，富含维生素、微量元素、矿物质和氨基酸等多种物质。此外，荣成市的动植物和药材丰富，其境内栖息的陆生野生动物有哺乳类 7 科 12 种、鸟类 35 科 124 种，野生植物共有 43 科 211 种，药材有 7 个大类 129 个科 517 种，其中白术、黄芩、丹参、防风、半夏、灵芝等为国家紧缺的名贵药材。

（二）荣成市康养旅游发展的社会条件

1. 海洋文化赋能

荣成市三面环海的自然条件和地理环境，形成了以渔耕为主体的经济形态，也孕育了极具海洋文化特色的非物质文化遗产资源和文物资源。目前，荣成市依托丰富的海洋文化资源，正在积极创建海洋文化生态保护实验区。荣成市海洋文化资源主要包括海草房特色民居、海岛海岸、海洋非物质文化遗产、海洋牧场、海洋水产资源等五大类。一是荣成市海草房特色民居资源丰富。海草房是胶东半岛特有的具有代表性的民居建筑，荣成市是全国海草房保存数量最多、最富集的区域。荣成市有海草房的行政村有 318 个，海草房民居共 23416 户，海草房共 95714 间。二是荣成市海岛海岸资源优势明显。荣成市沿海分布 10 个海湾、115 个大小岛屿，拥有滩涂 15 万亩，不仅拥有独特的海洋观光旅游资源，还拥有丰富的海洋物产资源，是国内首个荣获"中国海洋食品名城"和"中国绿色食品城"的城市。三是荣成市海洋非物质文化资源富集。荣成市兼具陆地和海洋文化特质，形成了独具特色的文化遗产及丰富的非物质文化遗产，已建立了涵盖国家、省、市、县四级的非物质文化遗产项目名录体系。各级非遗项目及其数量分布情况为：国家级 1 项、省级 15 项、威海市级 37 项、荣成市级 176 项。四是荣成市海洋牧场资源突出。荣成市拥有国家级海洋牧场示范区 11 处，省级海洋牧场 17 处，均处在普查区范围内，荣成市海洋牧场规模、体量居全省首位、全国前列。五是荣成市海洋水产资源丰富多样。荣成市海岸已发现的浅海和滩涂生物 394 种，主要经济生物近百种，拥有远近闻名的海珍品，已经形成了以渔家饮食和地方农产品为核心的海洋特色美食文化。

2. 政策支持机遇

荣成市政府围绕文旅康养产业融合发展，相继出台《关于加快文旅康养产业高质量发展的实施意见》《荣成市文旅康养产业发展规划纲要》，荣成市财政局、国土资源局、卫生健康委员会、金融局、人力资源和社会保障局、发展和改革委员会、农业农村局、教育和体育局等相关部门也分别结合各自职能，出台配套扶持政策，构建起文旅康养产业发展的"四梁八柱"。到目前，荣成市级层面已出台相关文件和政策 21 个。具体体现在以下五个方面。一是在财政方面，设立文旅康养产业发展专项资金，用于文旅康养产业、城市形象宣传、医疗卫生事业、养老健康产业等。二是在土地方面，将文旅康养用地纳入正在编制的国土空间规划，加快推进"多规合一"村庄规划编制，发展乡村文旅设施、民宿、养老等文旅康养业态。三是在人才方面，出台《关于优化"百千万英才计划"支持高质量发展的意见》，配套《荣成市医疗卫生人才支持计划实施细则》《荣成市文化之星选拔管理办法》《荣成市非遗项目代表性传承人资助实施细则》等24个实施细则，为文旅康养产业企业、人才发放津补津贴，举办高层次人才对接洽谈会、高校荣成行、高校招聘等招才引智活动。四是在金融方面，引导金融机构建立"文旅康养客户库"，涉及田园综合体、星级饭店、养老机构、景区等文旅康养领域，先后开发中小微企业"成长贷""乡村旅游贷""人才贷"等十余种贴合文旅康养产业的贷款品种，为辖内文旅康养企业提供融资。五是在卫健方面，积极探索街道社区卫生服务与村级卫生机构协同养老机构提供社区健康服务运行模式。同时，针对异地就医、老年人居家医疗服务等作出政策部署，精准对接不同就医群体多样化、差异化的迫切医疗服务需求，提升群众对医疗康养的获得感和满意度。

3. 公共设施完备

荣成市积极优化交通体系，已开通 30 条高铁线路通达全国，拥有石岛港、龙眼港 2 个国家一类开放港口，开通直达韩日等 7 条国际国内航线，建成覆盖城乡的公共交通基础设施网络；引导标识设置，合理布局各类旅游标识，科学设置旅游服务站点，依托城铁荣成站建设荣成市旅游集散中心，成为服务游客的区域枢纽；依托沿线镇街和商业场所布局服务点，提供停车休息、旅游厕所、旅游咨询、商品售卖等功能。全面打造自驾旅游服务体系，依托千里山海自驾公路，建设"一站一文化、一站一内涵、一站一特色"自驾驿站。

启动智慧城市建设，基本实现城市运行数据动态监测。科学管控旅游风险，建成"看得见、呼得应，联得上、管得住"的旅游运行监管及应急指挥平台，实现了全市旅游市场智慧监管、预测、预警，为旅游日常管理、辅助决策提供服务；搭建社会救助信息平台，整合教育和体育局、卫生健康委员会、民政局等 11 个部门的"碎片化"救助资源，实现社会救助精准化一站式受理和一网式核对；实时检测生态环境风险，严控重点污染源、空气质量、噪声、河流水质等，全面提升生态环境保护综合决策、监管治理和公共服务能力，"自由呼吸·自在荣成"智慧环保项目入选全省新型智慧城市建设优秀案例。

4. 市场发展迅速

"康养旅游"持续升温，随着中国经济社会的发展，人均可支配收入增加，传统的观光旅游已无法满足日益增长的需求，人们对生理健康、心理健康以及生存环境健康越来越重视。与此同时，中国即将步入老龄化社会，养老需求日益增加。荣成市应积极顺应大众旅游、全域旅游、康养旅游的新趋势，努力打造中国北方全季型滨海休闲度假目的地城市，2021 年，荣成市旅游总人数为 1322.19 万人次，同比增长 36.1%，旅游总收入为 159.34 亿元，同比增长 26.97%。2022 年荣成市获评 2022 中国旅游百强县，这些都为荣成市康养旅游提供了巨大的市场。

5.产业基础雄厚

近年来，荣成市已经打造成为山东省文旅康养融合发展示范区和山东省康养旅游示范基地，并构建了本土社区居家养老品牌连锁。荣成市以文旅康养产业高质量发展为重点，突出产业融合创新，按照"旅游+"思维，将景区、酒店、民宿、交通、康养、餐饮、购物、文创等串联发展、一体融合，推出全龄段、全季节的文旅康养产品体系。目前已形成海洋休闲、房车露营、滨海康养、海洋食品等七大重点产业集群，培育起好当家、百合生物、东途文旅、盛泉养老等一批文旅康养骨干企业。积极引导好当家、百合生物、蓝润等海洋食品研发类企业，加强海洋食品、保健品、医疗美容等产品研发，打造海洋养生保健旅游。

二、荣成市康养旅游发展现状

（一）产业龙头引领带动

加快提升文旅康养产业链规模、水平和竞争力，形成龙头引领、产业集聚、区域联合的文旅康养新格局。2021年组建荣成市文化旅游集团，整合各类文旅康养资源，打造投融资一体化平台。以文旅集团为龙头，积极开展以商招商，与山东港口集团等央企、省企建立紧密合作关系，扎实推进人和朱口地块酒店和精品民宿项目、落凤岗民宿项目、公共文化服务中心项目、房车主题公园项目、烟墩角综合开发等项目招商运营，同步搭建市级营销平台，促进旅游产品、文旅商品、定制服务专业经营、整体营销，推动文旅产业集团化运营。以文旅康养产业链条高质量发展为牵引，进一步提升"自由呼吸·自在荣成"城市品牌的知名度和美誉度。

（二）核心景区全面升级

着力推动核心景区全面升级，深入挖掘海洋、沙滩、森林、温泉、中医药等旅游资源的开发潜力，打造滨海康养、森林康养、温泉康养、中医药康养、运动康养等新业态。成山头景区按照 5A 级景区标准，全面实施改造提升，新建海洋馆、刘老根大舞台、动物园研学基地、成山头海事博物馆等新业态项目；那香海景区加快推进国家 5A 级旅游景区创建工作，改造提升钻石沙滩、天鹅湖、鸡鸣岛等核心旅游资源，新建儿童探险世界、香海花街、康养学院等配套项目，文旅康养接待能力得到较大提升。

（三）产业融合深度延展

围绕产业链纵向延伸，推动创新链深度延展。引导百合生物、好当家集团、鑫发集团、寻山集团、赤山集团、泰祥集团等传统海洋食品企业积极开发海洋生物医药和保健功能食品，涉足工业旅游，配套建设景区景点，拓展海洋产业与文旅康养产业融合发展新空间；引导康派斯、名骏、波斯顿等一批行业领军企业，研发生产旅居房车和海上游艇，合作建设房车露营和游艇休闲项目，推动装备产业与旅游产业融合；引导爱连湾、爱伦湾、桑沟湾、东楮岛等传统养殖企业，发展海上牧场旅游，同时整合岸上的沙滩、森林等资源，打造海陆一体的康养度假项目。按照"旅游+"思维，实现各产业一体融合、串联发展。

（四）空间布局持续优化

坚持海陆统筹、一体规划，优化空间布局，打造滨海融合发展产业带。按照千里山海自驾旅游"样板路"标准，推行"宿营公园+旅游驿站"模式，完成了小五队、那香海、爱连湾、东楮岛等一级驿站建设，新建一处高标准滨海国际房车主题公园，沿线串联了荣成市 80% 以上的核心旅游资源，打造了网红打卡地；北部打造那香海文旅度假小镇项目，依托资源禀赋、立足区位优势、深挖地脉文脉，以新理念、新内容、新体制、新未来全方位打造旅游度假和养生度假两大目的地；中部打造俚岛爱莲湾养生基地项目，配套建设的爱莲湾养生景廊项目涵盖中医中药、慢性病调理、健康教育、中医馆等康养配套，并开发智慧健康管理平台；城区及南部以桑沟湾滨海康养旅游度假区建设为重点，沿岸布局打造倪氏海泰、玥儿湾、九龙晟、天鹅酒店等高品质酒店集群，加快推动重点康养旅游板块崛起。

（五）支撑能力稳步增强

以"产业为王、项目为王、企业为王"为发展思路，以文旅康养产业项目建设为抓手，分步实施建链、补链、延链计划。围绕马栏湾、朝阳港、爱连湾、桑沟湾、石岛湾、槎山南等滨海地块，积极与省内外大型企业对接，开展滨海休闲康养项目招商，沿千里海岸线打造滨海文旅康养休闲度假产业带。推进实施朝阳港海岸带保护修复、重点林区生态修复、槎山南景观带修复等项目，将更好地优化重点区域生态环境供给，进一步扩展未来文旅康养产业发展的空间和环境支撑能力，夯实产业融合基础。

三、推动荣成市康养旅游创新性路径

在文旅康养产业发展中，荣成市坚持创新融合发展，推动生态与产业的融合、工农渔业与服务业的融合、传统文化与现代文明的融合。

（一）筑牢生态底色，夯实"融"的基础

荣成市坚持把良好生态环境作为最普惠的民生福祉，创新实施"一减一加"工程，把滨海岸线打造成黄金观光廊道，构建国际一流的花园式休闲城市。减，就是做好生态环境上的减法，强力推进海岸线、山体、湿地、河道

等生态修复工程，以壮士断腕的决心整治关停鱼粉、石材"散乱污"等企业，清理海上养殖一万余亩，创建最美岸线。加，就是做好基础设施的加法，在全省率先实现农村改厕、垃圾分类、生活污水治理、村庄绿化等"七个全覆盖"，改造提升城市干道；打通断头路，建设大型公园广场和街景小品、口袋公园；打造全省首条千里山海自驾旅游公路体系，贯通全域绿道体系、滨海步道、城市游憩路。

（二）聚焦产业链条，理清"融"的路径

荣成市将文旅康养产业作为全市七大重点发展产业之一，聚焦交通、游览、住宿、餐饮、康养、购物六大文旅要素，确定重点发展板块，将全市旅游度假区、景区、文博展馆、乡村旅游点、民宿客栈、宾馆酒店串联起来，构建起覆盖全季、全域、全龄的文旅康养产业体系。

一是政府层面，成立荣成市文旅集团，好运角国家级度假区、石岛省级度假区配套成立文旅发展有限公司。按照"能装尽装、应装尽装"的原则，发挥平台作用，将全市重点文旅资源进行整合开发，有效带动山东港口、山东文旅、陕旅集团等国企投资热情。

二是社会层面，积极扶持南京明月、新绛控股、长春国信、山东土发等扎根荣成市。成立工作专班，制定"一链一策""一企一策"挂包配套服务，"店小二"式地帮助企业完成项目审批、基础配套、备案审核等工作，让企业无后顾之忧。

三是农户层面，筹备成立康养旅游促进会，将全市的民宿、农庄、海钓、帆船、特产等非标主体吸纳进来。以小镇、古村为载体，通过"公司＋农户""合作社＋农户"等方式，组合搭配资源，实现电商化运营，探索出"线下景区化改造、线上电商化运营"的"无围墙景区"创新运营模式，有效整合非标资源，规范行业标准，破解发展难题。

（三）培育新兴业态，创新"融"的模式

按照"生态化、宜居型、国际范"的标准，大力发展海洋牧场、渔家民宿、康养度假、游艇游钓等滨海旅游度假产业，积极培育医养结合、旅居度假、生态养生、文化养心、研学养智等新业态，推动文旅与康养业态融合创新。聚焦高端酒店、精品民宿、房车露营三个维度，多元化开发滨海度假住宿集群。

投资建设那香海·文旅小镇，建成康养学院、安云医院、鹤年堂等特色文旅康养项目，获批山东省重大项目和康养旅游示范基地，入选100个"好客山东网红打卡地"，爱莲湾国际康养度假区开发建设大型健康管理中心、老年大学、社区医院、营养餐厅、水疗吧等，成功打造CCRC全龄康养社区。建设一批海洋生态牧场综合体，创新性发展海洋休闲产业。推进海洋牧场与休闲渔业融合发展建设爱伦湾、爱连湾、桑沟湾、东楮岛等一批海洋生态牧场综合体，将休闲娱乐、观光旅游、生态建设、文化传承、海水理疗等有机结合，加快实现由卖产品向卖风光、卖体验转变。积极引导好当家、百合生物、蓝润等海洋食品研发类企业，加强海洋食品、保健品、医疗美容等产品研发，打造海洋养生保健旅游。

（四）凸显海洋特色，叫响"融"的品牌

海洋，是荣成市的优势所在、潜力所在、未来所在，也是文旅康养产业融合发展的根和魂。为扩大文旅康养产业的知名度和影响力，近年来荣成市持续强化品牌建设，吸引更多游客来荣旅游康养、休闲度假。在城市品牌方面，突出滨海生态特点，宣传推广"自由呼吸·自在荣成"城市品牌。与知名文旅集团合作，围绕大天鹅、海草房等核心元素，策划开发荣成市文旅IP体系，衍生配套"我的海岸有天鹅·我的海上有牧场""天鹅海岸·天之尽头""好城市怎样都要住下来"等品牌策划，明确以文旅康养为主导的城市形

象定位。在企业品牌方面，树立"品牌引领产业高质量发展"的理念，大力发展那香海休闲度假、爱莲湾康养理疗、康派斯房车露营、好当家养生保健等一批文旅康养行业领军企业和产业品牌，形成上下游配套、产业链齐全的产业发展格局，实现名牌知名度日益扩大。在产品品牌方面，积极参与"好客山东三珍""山东有礼"等品牌推广活动，大力发展以海洋食品、海洋保健品为主的即食、美容、保健、休闲四大类产品体系，打造文旅康养"后备箱工程"。以连锁直销、网上专卖等方式，大力培育好当家海参、海之宝海带两个"山东三珍品牌"，以及爱伦湾、泰祥、鑫发、康派斯和百合生物等一批国家著名商标产品。

（备注：本文资料由荣成市文化和旅游局提供）

参考文献

［1］印发《"健康中国 2030"规划纲要》［N］.人民日报，2016-10-26（001）.

［2］"十四五"文化和旅游发展规划［N］.中国文化报，2021-06-03（002）.

［3］中办国办印发《"十四五"文化发展规划》［N］.人民日报，2022-08-17（001）.

［4］质量强国建设纲要［N］.中国消费者报，2023-02-08（002）.

基于共同富裕的米易阳光康养旅游发展策略研究

雷应朝　王　敏[①]

阳光康养旅游是旅游产业的重要组成部分，康养旅游活动不仅增加旅游主体收入，还能带动相关产业发展，有效促进城市实现共同富裕。基于共同富裕的目标背景，从米易阳光康养旅游发展现状，分析基于共同富裕的米易阳光康养旅游发展策略，并提出米易阳光康养旅游产业发展模式及政策建议，以期有效开发利用米易阳光康养资源，解决其面临的具体问题，并借此促使康养旅游产业升级，带动旅游产业链的延伸，促进实现共同富裕。

一、米易阳光康养旅游的研究背景、方法和意义

（一）研究背景

2016年，中共中央、国务院印发了《"健康中国 2030"规划纲要》；党的十九报告中大提出实施"健康中国"战略，这为康养产业的发展营造了良好的外部环境；2018年，国家年度报告中明确表示要正确处理老龄化发展等问题，并制定了各项改善政策。

---

① 雷应朝，攀枝花学院，攀枝花市阳光康养产业技术研究院院长，副研究员，研究方向为康养产业、旅游管理；王敏，攀枝花学院经济与管理学院，副教授，研究方向为区域经济、营销管理。

共同富裕是中国特色社会主义的根本原则。共同富裕是指全体人民在经济发展过程中共有、共建、共享发展成果，实现物质和精神生活的全面提高，是提高人们生活质量、提升人民幸福感、促进社会和谐的有效途径。习近平总书记指出，我们说的共同富裕是全体人民共同富裕，是人民群众物质生活和精神生活都富裕，不是少数人的富裕，也不是整齐划一的平均主义[1]。

攀枝花市委、市政府依据《中共四川省委、四川省人民政府关于支持攀枝花高质量发展建设共同富裕试验区的意见》（川委发〔2022〕27号），印发《攀枝花高质量发展建设共同富裕试验区实施方案（2022—2025年）》，提出努力建成产业兴、城市美、万家和的幸福美好攀枝花，为全省实现共同富裕积累经验、提供样本。

在健康中国、共同富裕背景下，康养旅游作为旅游业与健康产业的融合，满足了人民群众到环境好、气候适宜、游玩设施完善的地方旅游的需求，从健康和旅游两个方面满足了人民群众对于美好生活的向往与追求[2]。

在共同富裕的基础上，大力发展阳光康养旅游，符合米易现状，其自然环境、人文资源和产业基础具有的强烈的地域性特征，可以有效地区别竞争并满足人民群众日益增长的对美好生活的追求，有效促进区域经济协调发展，实现米易经济发展，提高人民生活水平和福祉。

（二）研究方法

1. 文献研究法

收集整理和本研究课题相关的文献资料，选出具有参考价值的研究结论。进行网络检索，收集更多相关的理论体系和概念内容作为研究基础。

2. 系统分析法

系统分析法主要指通过对系统里面的各个要素加以综合性地分析，以便找出解决问题的可行性方案。本研究运用系统化的方法，确定研究方向，厘清阳光康养旅游的内涵，以及共同富裕与康养旅游的关系；对共同富裕基础上的米易县阳光康养旅游现状进行分析，研究基于共同富裕的米易阳光康养旅游发展策略，提出政策建议。

（三）研究意义

当前社会存在一些需要解决的现实情况，总结出与本研究关联度较大的四个问题如下。

一是社会老龄化问题日益严重。随着人口老龄化趋势的加剧，老年人口数量逐年增加，对养老服务和康养旅游的需求也在不断上升。为了满足老年人的康养需求，推动康养旅游产业的发展，需要研究如何实现共同富裕。

二是人民对美好生活的期盼。提高人民生活水平和福祉以及实现共同富裕是中国特色社会主义的本质要求，也是全面建设社会主义现代化国家的重要目标。

三是产业结构、产业链问题。康养旅游产业融合了一、二、三产业，涵盖了旅游、运动、医疗、养老等多个产业，具有很高的产业关联度和带动作用。通过发展康养旅游产业，可以推动产业结构优化升级，实现经济高质量发展。

四是中华优秀传统文化需要传承和弘扬。康养旅游与中华优秀传统文化有着密切的联系，如养生、太极、中医药等。通过发展康养旅游产业，可以传承和弘扬中华优秀传统文化，增强民族文化自信。

本研究收集、汇总了米易县康养旅游发展的相关资料，充分挖掘其阳光康养旅游资源的价值，具体分析在共同富裕背景下的米易阳光康养旅游发展问题，研究其阳光康养旅游发展模式。有助于发掘米易独特阳光康养旅游资源，优化其产业结构，促进其阳光康养旅游新发展模式形成，大力发展米易县经济，缓解老龄化对社会的巨大压力，为城市养老提供新的解决方案，传承和弘扬中华优秀传统文化，探索如何通过对米易阳光康养旅游资源开发与利用，促进旅游产业升级换代，提高人民生活水平和福祉，推动实现共同富裕目标。

二、米易阳光康养旅游发展现状分析

（一）米易县概况

米易县，古为三皇五帝中第二大帝——颛顼（zhuan xu）的诞生之地，素有"颛顼故里·阳光米易"的美称，是"中国颛顼文化之乡"。米易县地处四川省西南角、攀枝花市东北部、安宁河与雅砻江交汇区，辖区面积 2153 平方千米，境内东西最大跨距 52.5 千米，南北最大纵距 45 千米。其位置在成都、昆明、贵阳、重庆西南四省区都会城市环形大通道上，处于攀西大裂谷与南亚热带干热河谷气候腹心地区，是攀枝花市的北大门，北距成都 520 千米，南距昆明 370 千米。214 省道、西攀高速公路、成昆铁路以及成昆铁路复线纵贯全境。

截至 2021 年年末，常住人口 22.73 万人，全县下辖乡（镇、街道）11个，境内有汉族、彝族、傈僳族等 29 个民族，属于享受少数民族地区待遇的山区县。该县先后荣获全国文明城市、平安中国建设示范县、全国法治建设先进县、全国卫生县城、国家园林县城、全国民族团结进步示范县、全国文化先进县、全国自然资源集约节约示范县、中国天然氧吧、中国气候宜居城市、天府旅游名县、全国百佳深呼吸小城十佳示范城市、全省首批实施乡村振兴战略工作先进县、全省农村改革先进县等殊荣，是全国蔬菜产业发展重点县、国家级"南菜北运"基地、首批省级农产品特优区，被纳入"十四五"全国首批农业现代化示范区创建名单，目前全国第七批生态文明建设示范区和"绿水青山就是金山银山"实践创新基地列入其中，正在公示。

（二）米易阳光康养旅游资源概述

阳光康养旅游主要依赖阳光旅游资源，非常适合春季和冬季进一步开发。米易县被《中国国家地理杂志》称为"阳光迷恋的地方"，是一座被阳光偏爱、没有冬天的城市。米易县的阳光充足，有着得天独厚的阳光康养资源。充沛的阳光、悠悠的安宁河、休闲的城市环境形成了阳光康养和城市休闲两大主题资源，根据《四川省文化和旅游厅关于批准攀枝花市米易县阳光城康养旅游度假区等 3 家旅游度假区为省级旅游度假区的通知》（川文旅发〔2022〕30 号），米易阳光康养旅游度假区范围围绕安宁河迷阳湖畔，西含龙爪山森林公园，东至贤家新村，北到米易高速路出入口，南临迷阳湖大桥，面积 6.2 平方千米，素有"颛顼故里·阳光米易"的美称。

1. 生态阳光康养资源

米易县位于四川西南部、攀枝花东北部，周边有多条河流经过，平均海拔 1100 米，整体气候属亚热带热河谷气候，有着丰富的光热资源，全年无冬，年平均气温 21℃，年均日照数 2427 小时，空气质量优良率 98.62%，全年无霜期 307.5 天，平均相对湿度 50%~60%RH，非常适合避寒御暑。米易县盛产各种水果，米易枇杷、樱桃、杧果、葡萄、草莓等水果均在国内享有一定盛誉，是著名的蔬菜瓜果生产基地。

米易县平均相对湿度为 50%~60%RH，是气管炎、哮喘、风湿、关节炎患者的理想疗养地。米易县是以中山山地为主的山区县，海拔为 1500~2000 米。有利于加快新陈代谢，促进大脑健康和机体长寿，防治心脑血管疾病。

2. 阳光医药康养资源

米易县与成都中医药大学等专业医疗机构签订协议，建设完善的医疗配套设施，为发展康养度假旅游产品提供必备的硬件条件，通过开展中医保健、中药膳食、中医文化体验项目吸引游客。此外，米易县还与北京华方投资有限公司共同合作，采用"公建民营"的经营管理模式，全新打造攀西一流的中高端专业性、创新性养老机构。

中医很早就认识到食物的营养性与治病疗效性。味道甜美，营养丰富的米易枇杷具有润肺、止咳、止渴的功效；茯苓具有治疗小便不利、水肿等功效；千张纸具有清肺利咽、疏肝和胃、生肌敛疮的作用；杜仲具有滋补肝肾、固经安胎、强身健体的作用；黄柏具有清热燥湿、泻火解毒功效；广藿香具有芳香化浊、开胃止呕、发表解暑的功效。丰富的中药材资源可以针对女性医美养生、亚健康人群的未治病疗养、老年人的健康护理、养生养老等开展开发与利用。

3. 阳光康养农旅资源

米易作为我国最早的立体农业示范县，先后荣获国家级"南菜北运"蔬菜基地县、全国现代农业示范区建设重点县等殊荣。其充足的光热资源促进了当地特色农业的发展，拥有优质高产高效的特色有机食品和绿色食品，芭蕉箐枇杷、黄草樱桃、普威雪梨、撒莲葡萄等特色农产品饱受游客青睐，品质高、口感好，享誉省内外，米易红糖、米易枇杷、米易何首乌还都是国家地理标志保护产品。总之，阳光康养农业旅资源丰富。

4. 自然风光阳光康养资源

颛顼龙洞是当地非常知名的旅游景点，拥有独特的喀斯特地貌。洞外植被茂密，包含森林、草地、河谷等多种自然景观；洞内可以观赏瀑布，还有建造的各种天宫、龙宫等景观，空气中负氧离子含量达到10万/立方厘米以上，是国内其他景区无法达到的标准。负氧离子作为对人体有益的元素，能够优化机体代谢，改善睡眠，调节呼吸系统，是亚健康和慢性病人群放松疗愈的极佳场所。

新山傈僳族乡傈僳族是一个追赶阳光的民族，有傈僳族人的地方，就有暖暖的阳光，傈僳文化，源远流长。这里自然景观壮美，人文资源丰富。境内茂佬河、龙滩河等主要河流，还有承载千年乡愁的梯田，以及傈僳族歌舞和刺绣技艺、织布技艺，细细述说着民族生息。傈僳族的约德节、织布、刺绣、舞蹈斑鸠吃水被列入省级非物质文化遗产名录；傈僳族葫芦笙、拜神树仪式被列入市级非物质文化遗产名录。

新山村先后荣获傈僳族祖居圣地、四川省最美古村落、四川省首批民族文化生态保护区等称号，被评为中国少数民族特色村寨。新山乡被评为全国乡村旅游重点村、全省乡村文化振兴省级样板乡镇。

5.阳光运动休闲康养资源

米易县立足"阳光时尚花园城、康养度假目的地"的定位，以"阳光、激情、活力、生态"为目标，推进全县生态建设、提升城市人居环境、综合管理小城镇发展。

米易县城处在安宁河下游，北高南低呈南北走向，东有龙肘山，西有龙爪山（鸡爪山），均可绿化美化为山地运动养生场所。县城北部犁子滩地段建有米易县国家级皮划艇激流回旋竞训基地，与下游县城城区的滨水景观工程相邻，是按世界一流标准竞训场地设计建设，比赛赛道长310米，落差7米。集运动、休闲、旅游于一体的基地于2004年被北京奥组委体育部确定为2008年奥运会指定训练场地，同时被国家体育总局确定为皮划艇激流回旋冬训基地，是目前国内唯一的国家皮划艇激流回旋冬训基地、激流回旋高水平后备人才基地。该基地先后成功举办了国际国内重要赛事24场次，常年承担国家队、省市队的集训任务，举办国家、省级比赛，为国家队输送激流回旋川籍运动员120余名。县城南部的水塘坝，平坦开阔，足有3平方千米；地势低平，其上游的安宁河迷阳湖水位高出其2米以上，具有人工打造仿真天然游泳场的特殊优势，是建设世界游泳锦标赛和奥运会竞技游泳、跳水、水球等现代时尚运动的理想场所。目前，米易县积极推进建设大坪子休闲养生区、安宁新城水上娱乐中心、南部新城、阳光康养地产、米易鸡爪山运动公园、迷阳湖水上运动健身休闲旅游基地、米易"智仁乐"阳光康养度假区等休闲娱乐、体育运动、阳光度假旅游等项目，满足康养游客多样化的需求。

（三）米易阳光康养旅游市场现状

在当今快节奏的生活中，伴随着环境污染、慢性疾病的增多，老龄化社会问题的凸显等，人们的健康意识觉醒，不断寻求更加健康的生活方式。适时的国家政策、制度导向，人们的生活理念、生活方式、消费行为都更追求健康，前期人们被抑制的健康需求也不断释放。米易县特有的气候条件，吸引了越来越多的游客，整体上阳光康养旅游客源仍以省内为主。2021年米易县接待旅游人次711.7万人次，实现旅游收入85.2亿元；2022年米易县预计接待旅游人次800万人次，增长12.4%，实现旅游收入90亿元，增长5.6%；2023上半年，米易县共接待游客512.47万人次，实现旅游收入51.33亿元[3]。米易县阳光康养旅游市场需求高、人气旺。

表1　2019—2022年米易县旅游收入情况

年份	旅游人次/万人	增长比例/%	旅游收入/亿元	增长比例/%
2019	600.13	12.9	77	22.7
2020	611.4	1.88	73.6	−4.4
2021	711.7	16.4	85.2	15.8
2022	800.1	12.4	90	5.6

数据来源：米易县年鉴。

近年来，米易积极用好各项国家、省市级康养政策，以创建国家全域旅游示范区为抓手，着力做实载体、做活业态、做强品牌，加快推动阳光康养旅游度假产业转型升级。依托充沛的阳光、冬暖夏凉的气候和丰富的物产资源，围绕加快建设"国际阳光康养旅游度假目的地"目标，将资源、产品优势转化成全域旅游要素支撑，提升一、三产融合发展，为康养旅游产业发展打好基础，形成了系列康养旅游产品。

现有米易太阳谷、太阳湖、观音温泉度假区、龙爪山森林公园、滨河景观长廊、健身绿道、阳光车旅休闲度假中心等休闲娱乐项目，在建的还有克朗风情水街、温泉城等项目。川煤疗养中心、北京华方颐养中心、四川省中医大"治未病"中心米易分中心、省医院康养保健中心等阳光康养项目纷纷落户米易多年，康养产业蓬勃发展，服务体系也在健全完善。米易县先后荣获国家园林县城、天府旅游名县、全国康养 50 强县、中国避暑名县、全国百佳深呼吸小城十佳示范城市、四川省县域经济发展先进县等荣誉称号。

"番茄节""枇杷节""赏花节""樱桃节""约德节""中医药文化养生节""荷花季""西部电音狂欢·啤酒音乐节"等活动异彩纷呈，米易县做到了月月有活动、场场都精彩。目前，米易县开通了多条阳光康养旅游线路。一是阳光健康游线路：米易县城—贤家康养新村—颛顼龙洞 AAAA 级景区—鱼米阳光度假基地。二是山水田园游线路：米易县城—米易枇杷生态园 AAA 级景区—海塔世外桃源 AA 级景区—普威绿野花乡 AA 级景区。三是民俗体验游线路：米易县城—金杯半山米易太阳谷度假区—米易傈僳族梯田 AAA 级景区—芭蕉箐枇杷水乡 AA 级景区。这些活动的开展和线路的开放促进了康养旅游经济快速发展，打响了"颛顼故里·阳光米易"康养品牌，阳光康养旅游品牌具有一定的知名度，市场潜力较大。

综上所述，米易阳光康养旅游从政治环境来看，有政策支持，法律法规较完善，具备一定的社会体制优势；从经济来看，米易县内部经济水平虽然一般，但外部市场需求较大，且有宏观经济政策的支持；从技术环境来看，米易县着力医疗改建，加强与市内外医院合作，具备较强的阳光康养保障条件；从社会环境来看，米易文化多样，参差不齐，既存在管理的难度，同时也彰显多民族文化魅力。

（四）米易阳光康养旅游产业发展存在的问题

1. 阳光康养旅游线路规划宣传不够

米易在加强阳光康养城市建设中，形成了许多可供休闲游玩养生的景区景点，但受地理位置的影响，有些景区景点距离较远，游客并不清楚米易康养旅游资源全貌，自主选择信息也不够通畅，会让游客感觉旅游线路选择费时费力，游玩之后觉得想玩的还没有玩到，影响旅游体验。可依据阳光康养的定义、范围、标准，选择服务较好、监管比较到位的区域，按旅游线路的距离，划分短程旅游线、中程旅游线、远程旅游线，并加大宣传力度，如设计好的路线图等信息在相关旅游专业平台发布，或印制精美宣传册，在游客集中的客运中心摆放，便于游客根据自身情况选择旅游线路，增强其旅游体验感。

2. 个性化、精品化康养旅游空间比较缺乏

由于大众对健康越来越重视，康养市场需求旺盛，不同群体的消费习惯、生活方式、个人喜好均有不同，因此，多种形式的细分市场随之产生。要满足不同客户群体各种多元化的需求，就要开发差异化的康养旅游产品，塑造康养旅游精品，满足消费群体个性化的需求。但目前米易阳光康养旅游产品除少数特色旅游产品外，仍存在同质化现象，精品供给不足，没有形成个性鲜明，差异化显著的特色阳光康养旅游产品，区分度小，个性化康养旅游空间比较缺乏[4]。

3. 缺乏阳光康养专业人才

康养旅游开发既需要掌握康养旅游服务价值体系多个环节的综合性人才，也需要精通某一环节的专门性人才。米易县近些年打造"阳光米易"名片，其康养旅游业发展速度较快，对阳光康养旅游人才需求大。但目前康养从业人员普遍担忧自己的职业前景与上升通道，而该行业的职业准入及相应的激励制度建设又滞后，导致康养旅游专业技术人员缺乏，流动性大。特别是康养医疗、康复保健、康养体验师、康养咨询师、文化体育等多方面专业和综合型人才的供给严重不足。

三、基于共同富裕的米易阳光康养旅游发展策略

（一）产业定位与目标市场

依托温度、湿度、海拔高度、洁净度、优产度、和谐度"六度"禀赋，坚持"全时、全龄、全域""养身、养心、养智，避暑、避寒、避霾"的"三全、三养、三避"发展理念，以文塑旅、以旅彰文，塑造"颛顼故里·阳光米易"品牌体系，打造"阳光米易"金色名片，以阳光康养引领县域旅游产业转型升级。加快推进"康养进社区、康养进乡村"行动，大力发展旅游康养、运动康养、居家康养、医卫康养等新产业、新业态、新模式，完善康养产业体系，提升康养服务质量，塑造康养品牌，全面促进康养产业特色化、差异化和高质量发展，不断探索具有自身特色的阳光康养旅游之路。

（二）创新康养旅游产品，设计宜游线路

1.结合当地文化，开发独具特色的康养旅游产品线

米易县拥有丰富的文化底蕴，挖掘米易 29 个民族中最具特色、最有吸引力的民俗、历史、非物质文化遗产等资源，成片、成系统地开发。目前入选第八届中国成都国际非物质文化遗产节非遗体验基地的有：米易县新山傈僳族技艺民俗非遗体验基地、米易红糖土法熬制技艺非遗体验基地、米易县民族中学非遗体验基地、撒莲镇非遗体验基地、米易县傈僳族祖居圣地民俗博物馆非遗体验基地。针对这些非遗体验基地，可以整合旅游资源，优化设计网红打卡点；打造富有地方特色的阳光康养旅游产品，将民间艺术表演、民俗庙会、养生体验、手工艺品制作体验、地方健康美食品尝等融入其中；打造引领品牌——"傈僳情韵"傈僳族文化体验项目，传承傈僳族织布技艺、刺绣、特色舞蹈，促进新山傈僳族祖居圣地文化保护与旅游融合发展，让游

客在参与过程中更好地了解当地的文化和风俗，提高游客的满意度和忠诚度。

2. 挖掘康养旅游资源，设计健康生态旅游产品线

米易县地处川滇交界处，拥有丰富的自然资源和生态环境，可以开发一系列生态旅游产品，如徒步、登山、野营、观鸟等，让游客在欣赏美景的同时，增强对自然的敬畏和保护意识。规划发展海塔乡村民宿产业，推动马鹿寨·云上牧场市级重点文旅项目建设，倾力打造中国最美徒步线路及星空露营景区。同时，注意各村镇的聚合效应，成片、成线地形成方便游客出行游玩的圈线产品，更有规划、更有系统、更能吸引游客，实现联合效应。

3. 发展休闲度假类产品线，满足游客多样化需求

针对当前旅游市场的需求，可以开发一系列休闲度假类产品，如温泉度假、旅游花香、乡村民宿、田园风光游等，为游客提供舒适的休闲环境，满足他们在旅行中追求放松身心的需求。例如，利用"普威绿野花乡"等自然资源，有计划、分片区地实施赏花、采花、制花活动，引导人们健康休闲；发挥米易"景城一体，产城相融"的阳光城康养旅游度假区作用，让游客能便捷欣赏如诗如画的河滨公园，能在县中心享受城市"绿肺"——易园带来的身心愉悦，能享受梅溪谷湿地公园的美景，各种健康休闲游各具特色，以此来提升游客的获得感与满意度。

4. 加大康养旅游互动产品线设计，满足目标顾客深度体验需求

扩大金杯半山·米易太阳谷的辐射效应，利用其系列文旅活动、节庆活动，增强游客参与感。促进新山傈僳族祖居圣地文化保护与旅游融合发展，傈僳族簸箕宴、傈僳族刺绣、傈僳族织布，傈僳族约德节、彝族火把节，让游客深度感知民族风情。积极承办国际摩托艇公开赛、皮划艇激流回旋冠军赛、国际公路自行车赛等体育赛等国际赛事，扩大城市影响力。系列康养旅游产品的开发与改进，提高了游客参与度，也丰富了米易县旅游消费业态。

5. 加强与周边地区的旅游合作，让游客省时省心

可以与周边地区的旅游景区、酒店、旅行社等建立合作关系，共同开发

旅游线路和产品，共享各自的景点、酒店、交通等资源，通过联合推广、互换门票等形式，推动区域旅游一体化发展，促进地区间文化交流，提升整体的旅游服务能力和质量，形成更大的旅游市场和影响力，互利共赢，提高整个地区的旅游竞争力。

（三）突出特色和优势，走个性化、精品化的开发路径

康养旅游作为新兴产业，在发展的过程中需要更加注重服务质量，对于康养旅游的消费者来说，为其做好个性化服务非常重要。

（1）立足于米易本地的阳光、中医药、温泉、文化、良好生态等优势资源，挖掘内涵，凝练特色，开发具有地域特色的阳光康养旅游产品。

（2）打造区域特色资源与旅游过程中各个环节相结合的以某一类型的康养服务为主的康养旅游产品，并在其中融入当地的文化、历史、风俗等元素。

（3）在提供康养服务过程中，应树立全流程创新理念，不断提高康养旅游的个性化服务，开发相应的定制化服务体系，将已有的康养资源更加合理地匹配到每一位消费者身上，提高消费者的满意度。

（4）加强品牌建设与宣传推广，提升品牌形象，树立良好的口碑，将米易的特色康养资源与品牌更好更广地传播出去，吸引更多消费者。

（四）加大康养人才培养和引进力度

阳光康养旅游是一个新兴的旅游业态，需要专业的人才来进行服务和管理，应大力加强康养旅游专业人才的培养。

（1）各级政府和相关部门应加大对阳光康养专业的投入，支持高校、职业院校等教育机构开设相关专业课程，培养具备专业知识和技能的阳光康养人才。支持引导相关院校和企业大力开展校企合作，通过开办定制班，或开设急需康养技能培训班，培养具有专业素质的技能人才。

（2）通过招聘网站、人才市场等各种渠道，直接引进优秀人才，吸引更

多康养专业人才加入米易的阳光康养旅游建设中，不断提升服务质量和效率。

（3）加大专业人才的激励机制，完善薪酬制度、职称评定制度等，激励专业人才在阳光康养行业内发挥更大的作用，吸引具有相关经验和专业技能的人才加入。同时，加强对优秀人才的表彰和宣传，提高社会对阳光康养行业的认同度和吸引力。

（4）打造人才发展平台。政府引领，企业高度参与，共同为阳光康养专业人才提供良好的发展平台。一方面，政府可以通过政策扶持、资金投入等方式，为阳光康养专业人才提供优越的发展环境；另一方面，企业应充分发挥用人主体作用，为专业人才提供更多的职业发展空间和晋升机会。

（五）宣传推广策略

利用大数据和人工智能等技术，分析目标顾客画像，根据目标客户群体的需求和特点，采用"线上＋线下""现代＋传统"的形式，强调米易阳光康养旅游产品特色及对身心健康的益处，加大宣传力度，提高其在国内外市场的知名度和美誉度，吸引更多游客前来体验。

（1）采用网络营销，如在微信公众号、抖音、快手、小红书等平台进行社交媒体营销，提高米易县阳光康养旅游产业的知名度和美誉度；同时，通过电视、报纸、杂志等传统媒体进行广告宣传。

（2）通过在各大景区、酒店、机场等地方设置宣传牌、海报等线下宣传形式，与其他旅游景点合作，推出联合门票、联票等优惠活动进行联合推广，吸引更多的游客前来米易县旅游。

（3）通过举办各种文旅、文化、体育赛事等活动，提供优质服务，增强游客体验感，形成口碑效应。同时，要特别注意活动前期的准备及推广，活动中期的组织与造势，活动后期的收尾和宣传等工作，提高米易县阳光康养旅游产业的知名度和美誉度。

四、米易阳光康养旅游产业发展模式及政策建议

（一）产业发展模式选择

1.全域康养旅游模式

全域康养旅游模式是指把整个区域作为康养旅游区进行打造，把全域作为康养旅游发展的载体和平台，从全规划、全要素、全行业、全过程、全方位、全时空等角度推进康养旅游产业发展，实现旅游景观全域优化、旅游服务全域配套、旅游治理全域覆盖、旅游产业全域联动和旅游成果全民共享的一种旅游发展模式[5]。

米易全域阳光康养旅游应以健康为主题，理顺城市旅游目的地专项规划与城市规划、交通规划、国土规划等规划的实施与衔接，强调在旅游过程中，通过各种方式来使游客身心健康，提高生活质量。利用"全域会员、全域数据、全域服务"的综合康养经营生态体系，构建一个"阳光康养旅游产业集群"，着力打造重点项目，带动周边发展，形成全域联动，推进和完善阳光康养旅游产业链与产业集群，促进休闲、养心、养智的全域康养模式实现。

2.联合康养旅游模式

联合康养旅游模式，是将医疗服务与养老服务相结合，面向消费者的终身康养服务消费生态系统，为老年人及有医养需求的人群提供全方位的养老服务和健康服务。完善区域医疗服务，对医院的设备与服务提档升级，加快建设健身中心及景区景点应急救助站。米易县要形成医疗机构与养老机构合作，为老年人提供便捷的医疗服务；医疗保险与长期护理保险结合，为老年人提供更多的保障；社区卫生服务中心与社区养老中心合作，为老年人提供更加全面的健康服务的联合康养模式。

3.数智康养旅游模式

数智康养旅游模式是一种结合了智慧化技术和康养旅游的新型旅游模式。它通过智能化技术，提供更加便捷、高效、个性化的旅游服务，同时也为康养旅游提供了更加丰富的体验和选择。

以网格化服务管理和社区服务为主要抓手和落脚点，充分运用5G、大数据、人工智能、区块链、物联网等科技支撑[6]，整合原有资源，链接运营服务系统、智能物联终端，打造全流程、全周期、全覆盖的数字化、智能化、一体化康养旅居云平台、康养运营云平台、康养智联云平台。利用智能健康管理系统、智能护理机器人、智能家居系统、智能安防系统等，为康养顾客提供更加便捷、高效、个性化的全方位服务。

（二）政策建议

1.加快培育新型消费模式。

深度融合农业、医养、运动、文化、互联网等要素，培育形成一批阳光康养旅游新场景、新业态、新模式。一是"康养旅游＋农业"新模式，将康养旅游与农业结合，提供养生、保健、健康等服务，在满足人民对健康需求的同时，促进农业产业发展，如观赏米易田园风光，参与水果采摘、蔬菜种植等；二是"康养旅游＋医养"新模式，将康养旅游与医疗保健相结合，提供康复、养生、医疗、保健等服务，增加个人账户普通门诊费用跨省直接结算的定点医疗机构数量，开通异地就医直接联网结算医药机构，解决异地就医难题；三是"康养旅游＋运动"新模式，将康养旅游与运动相结合，提供体育运动、健身养生等服务，如引入企业，在县城中心半小时经济圈规划设计各种体育运动、健身项目，实现共赢；四是"康养旅游＋文化"新模式，将康养旅游与文化相结合，提供文化体验、文艺表演等服务，如米易各种特色节庆和民族风俗；五是"康养旅游＋互联网"新模式，通过互联网平台提供康养旅游服务，如在线预订、导航、导览，按旅游时间提供游玩线路建议等，使游客的康养旅游更便捷、更舒心。

2.稳步推进龙头企业培育。

甄选有代表性、有发展潜力的龙头企业，大力培育，引领全县发展。例如，突出米易现代农业优势，规范建设国家农村产业融合发展示范园，打造省市级龙头企业，组建农产品加工企业，带动农民合作社、家庭农场发展。实施文化旅游优秀龙头企业培育工程，政府引导和支持旅游企业进行品牌建设和市场拓展，提高服务质量和管理水平。例如，积极培养扶持米易县颛顼文旅公司、米易金谷康养旅游开发有限公司。培育一批具有竞争力的服务型龙头企业，如酒店、餐饮、物流等，政府加大对这些企业的扶持力度，提供优惠政策，帮助企业发展壮大，促进康养旅游服务企业提档升级，进而提供更加优质的产品和服务，为米易县阳光康养旅游做好服务保障。

3.完善公共信息服务。

第一，加强公共信息服务设施建设，建立旅游信息中心、导游服务站、旅游咨询中心等公共信息服务设施，完善县、乡、镇相关部门的信息共享平台，整合利用资源，提供全面、准确、及时的旅游信息服务。第二，推广智慧旅游，建立智慧旅游平台，提供在线预订、导航、导览等智慧化服务，方便游客获取旅游信息。第三，加强公共信息宣传，通过拓宽多样化、覆盖面广的旅游公共服务信息渠道来宣传、推广米易县阳光康养旅游的特色和优势，提高公众对康养旅游的认知度和兴趣。

五、结论

（一）研究结论

首先，米易阳光康养旅游资源丰富，但品牌知名度、美誉度不足。因此，需要加强品牌建设和推广，加大推进精品旅游，打造具有地方特色的品牌形象，提高其知名度和美誉度。

其次，阳光康养旅游的核心是服务，米易相关服务人员不足，需要加强服务人员的培训和管理，提高服务质量和水平，满足游客的需求和期望。同时，还需要加强基础设施建设，包括道路、交通、住宿、餐饮等方面，以提高游客的体验感和满意度。

再次，米易要打造全域阳光康养旅游模式，需要结合区域各资源，如文化、体育、农业、医疗等，同时，加强产业融合和升级，提高产业的附加值和竞争力。此外，政府在阳光康养旅游发展中扮演着重要角色，需要加强政策引导和支持，鼓励企业投资和发展，促进旅游业的健康发展。

最后，基于共同富裕的目标，米易阳光康养旅游业的发展应注重社会效益和经济效益的结合，实现经济发展和社会进步的双赢局面。通过以上措施的实施，可以促进米易阳光康养旅游业的发展，推动区域经济的繁荣和社会的共同富裕。

（二）研究局限与展望

本研究主要依赖于公开的官方统计，数据来源有限，可能存在一定的数据不准确性和局限性。在研究方法上，本研究主要采用文献研究法，受到研究者时间、精力和能力的制约，以及对理论知识掌握运用的不成熟，可能存在主观判断和分析，导致研究结果的客观性和准确性受到一定程度的制约。

未来研究可以从更多渠道获取阳光康养地区的旅游产业数据，如民间调查、企业报告等，不断深化数据来源，提高数据的准确性和可靠性。在保证研究质量的前提下，可以尝试采用更多的研究方法，如案例研究、比较研究、实地调研等，以更加丰富的研究视角和方法，深入探究分析阳光米易康养旅游发展，以及阳光康养旅游产业发展的趋势和变化，以期获得更为全面和深入的研究成果，助力米易实现共同富裕。

参考文献

［1］习近平.扎实推动共同富裕［J］.求是，2021（20）：4-8.

［2］陈南江，庄伟光.健康中国战略下创新发展广东康养优质旅游研究［J］.广东经济，2018（3）：32-37.

［3］周翼."啤酒＋音乐＋市集"连嗨一周！四川米易县啤酒音乐节开幕了［EB/OL］.2023-08-22. https://www.sohu.com/a/713834348_120952561.

［4］李帅帅，卫文婕，许峰.山东省康养旅游产业存在问题与空间发展对策研究［J］.山东商业职业技术学院学报，2023，23（1）：22-25.

［5］陶琼.乡村振兴战略背景下米易县康养旅游发展模式研究［D］.昆明：昆明理工大学，2020.

［6］黄鑫.米易县"阳光康养"产业发展中的政府职能研究［D］.昆明：云南大学，2022.

［7］米易县政府办公室.米易概况［EB/OL］.2023-03-02. http://www.scmiyi.gov.cn/zjmy/mygl/index.shtml.

项目策划：段向民
责任编辑：沙玲玲
责任印制：钱　戒
封面设计：弓　娜

图书在版编目（CIP）数据

中国康养旅游发展报告．2023 / 邹统钎主编；王欣，
侯满平，张健康副主编．-- 北京：中国旅游出版社，
2024．12．--（中国旅游蓝皮书系列）．-- ISBN 978-7
-5032-7479-4

Ⅰ．F592.3

中国国家版本馆 CIP 数据核字第 2024D44C58 号

书　　　名：中国康养旅游发展报告（2023）

主　　编：邹统钎
副 主 编：王　欣　侯满平　张健康
出版发行：中国旅游出版社
　　　　　（北京静安东里 6 号　邮编：100028）
　　　　　https://www.cttp.net.cn　E-mail:cttp@mct.gov.cn
　　　　　营销中心电话：010-57377103，010-57377106
　　　　　读者服务部电话：010-57377107
排　　版：北京旅教文化传播有限公司
经　　销：全国各地新华书店
印　　刷：三河市灵山芝兰印刷有限公司
版　　次：2024 年 12 月第 1 版　2024 年 12 月第 1 次印刷
开　　本：720 毫米 × 970 毫米　1/16
印　　张：15.25
字　　数：207 千
定　　价：59.80 元
ISBN　　978-7-5032-7479-4
